よくわかる論語

<やさしい現代語訳>

永井　輝

明窓出版

本書は、日本図書館協会より、
選定図書に指定されました。

はじめに

気楽に『論語』を読めるものなら、今すぐにでも読んでみたい、という方は案外大勢いらっしゃるのではないでしょうか。そういう方は、『論語』が東洋随一の古典であり、人生への良い教訓が沢山記されていることを、常識として知っています。ただ、漢文や読み下し文がわずらわしくて、関心はあるのについ読みそびれていた、という場合が多いのではないでしょうか。

そういう方々にぜひ読んでいただきたいのが、この本です。本書では、『論語』の全文がくだけた現代口語文に翻訳してあります。この際、思い切って、漢文や読み下し文は一切省略しました。とてもスッキリしていて、漢文・古文が苦手の方々にも、気楽にスイスイ読んでいただけると思います。

最近の世相を見ていますと、私たち日本人が心の問題について真剣に考え直す時期に来ている、ということを痛感させられます。特に若い方々が人の道を見失い、心の支えが見付からなくて悩み迷った結果、ひどい事件を起こしたりしています。この現状を正常に引き戻すには、自己修養や家庭教育を始め、多様な改善努力が必要です。その一端として、長い歴史を通して日本人の心の支えとなってきた『論語』を、もう一度みんなで読み返してみてはいかがでしょうか。

本書を一読されれば、昔の日本人が大切にしてきた、東洋的な人の道が何であったかを思い出し、日本におけるモラル復興への手がかりを見つけることができると思うのです。

目次

一、『論語』と孔子

一、『論語』と孔子

1　『論語』で心を呼び戻そう

最近の日本人は、しっかりとした道義心を失ってきたのではないか、と感じている方は多いと思います。では、昔の日本人が、貧しくても道義を守ろうとした時、心の支えになった書物は何であったかと言えば、やはり、孔子の教えが記されている『論語』が第一でしょう。

聖徳太子の「十七条憲法」（六〇四年）にも、『論語』の影響が見られますから、そこから数えても、もう一四〇〇年もの間、日本人は『論語』を愛読してきたのです。江戸時代には、武士だけではなく、庶民の間でも広く読まれるようになりました。『論語』に人気があったのは、その中にユーモアやウィットが漂い、喜怒哀楽のむき出しな所もあれば、絶妙の例え話も出てくるという具合で、親しみやすかったからだと思います。きっと、江戸時代の人々は、そういう親しみやすさの中で、処世訓も学べるし道義心も養える、気のきいた重宝な読物として、『論語』を座右の書にしたのでしょう。

日本人の道徳意識向上に、『論語』に代表される儒学がどれだけ大きく貢献してきたかについては、儒《じゅ》学批判者のように思われている福沢諭吉でさえ、次のように書いています。「若し我国に儒学と云うもの無かりせば、今の世の有様には達すべからず。……人心を鍛練して清雅ならしむるの一事につきては、儒学の功徳また少なしとせず。」（『文明論之概略』）また、福沢は、「後世の孔子を学ぶ者は、時代の考えを勘定の内に入れて取捨せざるべからず。」（『学問のすすめ』）とも書いています。ここに言う「後世」の中には、もちろん二一世紀も入ります。新しい時代には新しい読み方で、『論語』の教えを生かしてほしいと、福沢は後世の我々に呼びかけているのです。

二一世紀を迎えた日本人は、二〇世紀末に衰退した道義心を何とかして復興させ、世界の人々から敬意と信頼を寄せられる民族になりたいものです。失われた大切な心を呼び戻す一つの手掛かりとして、昔の日本人が心の支えにしてきた『論語』を、もう一度読み返してみてはどうでしょうか。この古典の人間観や教訓には、二一世紀にも通用する点が沢山あって、私たちに力強い助言をしてくれます。

ただし、従来のように、『論語』を漢文や読み下し文で読むのは大変で、少し長い文章にぶつかったらもうお手上げでしょう。そこで、本書では『論語』全文を新しい感覚の現代口語文に翻訳してあります。これは諸外国の文学の日本語訳と同じ趣旨のものですから、原文（漢文・読み下し文）は一切省略しました。これなら、小学校高学年以上のどなたにでも、気軽に読んでいただけると思います。

また、本書には『論語』の全章全文を載せてありますので、その全容を正しく理解することができます。もし、『論語』の中から有名な章句を幾つか拾い上げて、それを見ただけで『論語』とはこういうものだと考えたら、それはいわゆる「木を見て森を見ず」という偏った見方になります。『論語』の本当の姿を知るには、その全部を通読するしかありません。本書には、『論語』の全章全文が、原典の配列順のまま掲げてあり、これを一読すれば、『論語』の全体像と、その中での各章句の位置づけとを、正しく把握できるでしょう。

2　新しい『論語』の読み方

中学校や高等学校の国語（古文）教科書に出てくる『論語』は、あくまでも漢文の教材ですから、これを学ぶ時には、訓点の正しい読み方などに神経を使いながら、短い章句だけを慎重に読んでいきます。これは古い『論語』の読み方の典型と言えるでしょう。そういう読み方の対極にある、現代にふさわしい新しい『論語』の読み方が、本書のような現代語訳によって、気楽に全章全文を読み切る方法だと思います。この新しい読み方の最大のメリットは、多忙な現代人にも、短時間で『論語』の全容を把握できることです。

さらに、この読み方を土台として、次のような新しい視点で『論語』を読み味わう道が開けてきます。

① 『論語』各章句で扱われているテーマは、かなり多種多様で配列も不統一ですので、読み手の側でいろんな工夫が必要になります。同一テーマを扱った章句を比べ読んだり、異なるテーマを扱った章句の関連性を考えた上で、全体を貫いている思想や論理を見出すのです。

② 同一テーマに関する孔子の発言も多様で、話相手の性格・能力に合わせて答え方を変えたりしています。それらを総合的に理解することで、孔子の真意や教育的配慮を正しく

把握できます。

③『論語』には、道徳訓としての格言名句のほかに、物語・エピソードの一場面を描写した章句が沢山ありますので、『論語』は、むしろ大衆文学的な短文集として、楽しく読めます。

④『論語』の中で、孔子は多くの優れた教訓を語っていますが、あまり俗人と違わない言動も記されていますので、孔子に親しみを感じ、その人柄を新しい感覚で眺められます。

⑤『論語』には、孔子のほかに大勢の弟子たちやいろんな立場の人々が登場します。彼らの個性や主義主張を通して何かを学んでいくのも、楽しい読み方でしょう。

⑥ 各章句の文章構成や表現方法では、対句・反復・例え話などが巧みに用いられていますので、その味わいや効用を楽しみながら読めます。

⑦ 結局、『論語』全部を通読すれば、自分が感銘を受け共鳴できる章句とそうでない章句とに読み分けることになり、自分なりの『論語』観が定まってくるでしょう。また、年齢を重ねて読み返すごとに、読み方も円熟してきて、『論語』観も変遷発展していくに違いありません。

なお、本書の現代口語訳『論語』には、次のような特色がありますので、御了承ください。

一、諸説を参照して、『論語』全文を二〇編五〇四章に分けました。

二、各編名は、原文の「学而《がくじ》第一」を「第一編」に変え、以下これに倣いました。巻末の付表には各編名一覧を掲げてあります。

三、各章名は、第一編第一章を（一の一）と記し、以下これに倣いました。

四、同一人物の名は、できるだけ一種類にそろえました。

五、固有名詞以外は、できるだけ常用漢字を使いました。

六、注は付けませんでしたが、口語訳の中に説明を加えた場合もあります。

七、解釈に異説がある場合には、最適と思われるものに従いました。

八、特定の言葉は訳語を一定させました。例えば、「子曰《いわ》く、」は「孔子はこう言いました。」とし、「仁」を「人間愛」、「君子」を「立派な人間」または「上に立つ者」、「小人」を「つまらない人間」、「大夫」を「上級家臣」、「士」を「教養人」とするなどです。

九、常用漢字以外の漢字には、適宜ふりがなを付けました。

3　孔子の生涯

『論語』は、孔子の孫弟子の時代から編集が始まり、当初は三種類あったのが、紀元前一世紀頃に今の形に整えられたようです。孔子直系の人たちが記録したことを集大成したものですから、孔子に関する記述としては最も信頼できます。しかし、『論語』は、孔子の教えを伝えることを主目的とした書物であって、孔子の伝記を整理して伝える内容にはなっていません。

そこで、後世の人たちが孔子の生涯を知るには、前漢の前九一年頃に完成したと言われる、司馬遷が著した『史記』の中の「孔子世家」をより所とします。これは最古の孔子伝です。と言っても、これも孔子の死後四百年近くたってから書かれたものですから、余り詳しいことまでは記してありません。この「孔子世家」と『論語』と他の伝承から、孔子の生涯をたどってみましょう。

孔子は、紀元前五五一年に、当時の魯《ろ》の国の都、今の山東省曲阜《きょくふ》市の東南郊外にある昌《しょう》平郷《へいきょう》に生まれました。そこには伝説で孔子が生まれたとされている小さなほら穴があって「夫子洞」と記された石碑が今でも立っています。

父親は勇壮な武士で、昌平郷の代官でもあったと言われますが、孔子が三才の時に亡くなりました。母親は、葬礼などを行う職業集団の一員だったようです。孔子は母子家庭で幼少年期を過しました。幼い時には、祭壇に供え物をするまねをして遊んだそうですが、これも母親の職業と関連しているのかもしれません。孔子が一七歳の時、母親も亡くなりました。それ以後の孔子は生活に苦労したようですが、詳しいことは分かりません。ただ、独学で礼法や書物を学んで、役所の家畜係や穀物係の仕事をしたことがあります。彼が苦学して身に付けた学識と立派な人柄を慕って、弟子になる人も次第に増え、カルチャー・スクールの先生のような生活をするようになりました。

孔子の身長は二メートル余もあったと言われていて、頭の上部がへこんで人相もごつい感じだったようですが、深い愛情、切れる頭、ひたむきな信念、たじろがない行動力、繊細な感受性、したたかな世俗感覚などを合わせ持った、魅力ある人間性の持ち主だったと思われます。

三〇歳代になると、孔子の学識と人格が支配階層にも評価されるようになり、隣国斉《せい》の君主と対談して、感心させたこともありました。孔子は斉の国へ行き、名曲を聴いて感動のあまり、三日間も肉の味が分からなかったそうです。斉の国で仕官しようとして、いよいよそれが実現しようという時に、この国の大臣であった晏嬰《あんえい》の反対で駄目になりました。故国の魯《ろ》に帰った孔子は、仕官したくてもチャンスがなく、反乱軍の首領から誘われて気持が動きますが、結局は断念します。

やっと五一歳になって、孔子は中都という町の代官に任用されました。この時、他の模範となる優れた実績を挙げて認められ、昇進して、やがて魯《ろ》の国の司法長官に就任します。政治家としての孔子の信念は、戦乱と道義の退廃を憂えて、昔の周王朝初期に実現していた秩序と文化と道義を復興させようとすることでした。間もなく、魯《ろ》と斉の二国の君主が「夾谷《きょうこく》の会」という会談を行いますが、この時、孔子は相手国の陰謀を見破って、大立ち回りを演じ、自国の君主を守ると同時に、有利な結果をかち取りました。更に孔子は、魯《ろ》の国で君主以上に権力を振るっていた家老御三家の弱体化をねらって、政治改革に着手しますが、もう一息というところで反対派の巻き返しにより挫折しました。たまたま、斉の国が贈ってきた美女舞踊団に、君主も家老もうつつを抜かして政務を怠ったのを動機として、孔子は辞職し、弟子たちと共に、諸国遍歴の長い旅に出ました。これは五五歳の時でしたから、孔子が国政に直接携わったのは数年間に過ぎません。諸国を巡り歩く旅は足かけ一四年間も続きました。政敵が実権を握っていた故国には帰れなかったので、他の国で仕官の道を探したのです。しかし、せっかくチャンスを見付けても妨害されることが三回もあり、更に、生命を脅かされることが五回もあって、失意と苦難の日々が続きました。六八歳の時、ようやく故国に迎えられますが、もはや政務に携わることはなく、学問研究と弟子たちへの教育に専念して、七三歳で死去します。孔子の墓は、曲阜市街地にある「孔廟《びょう》」と「孔府」の北側にある、「孔林」と呼ぶ広大な孔家一族の墓地にあります。

学者としての孔子が残した研究成果は、『詩経』という詩集と『春秋』という魯《ろ》の国を中心とした歴史書を再編成したことに代表されます。また、礼法・雅楽や『書経』や『易経』の研究もしました。当時は紙の発明以前であって、書物はすべて字を書いた竹簡を革ひもでつないだ巻物でしたが、孔子が余りにも熱心に何回も『易経』をひもといたので、とうとうこの革ひもが三回も切れてしまったそうです。司馬遷はそのことを「韋《い》編三絶」と記しています。

教育者としての孔子は、透徹した人間観に基づく独特の教育方法を実践しました。彼の人間観は、身分を問わず人間は同じような能力と可能性を持って生まれ、本人の努力と教育の力と天命とによって、だれでも立派な人格者になり、人々のために貢献できるというのです。ただし、とびきり優秀な人とまるで駄目な人もいるし、四〇歳～五〇歳になってても成果を上げなければ凡人だとも言っています。

教育方法は徹底した個別指導でした。相手の性格・能力をよく見て、それぞれの持ち味と長所・短所に即した教え方をするのです。真面目にひたむきに努力して、もがいているくらいの者には、惜しみなく助言指導しますが、いい加減で口先だけ達者な者には、厳しくしかりつけました。

孔子は、学問の人でしたが、書物の世界に埋没することなく、弓術や馬術が得意で、釣りや狩りもしましたし、山や川や野原に親しみました。特に、音楽は大好きでした。味覚を忘れるほど音楽への感受性が強く、琴を習えば、師匠があきれるほど一曲だけを徹底研究し、葬儀に参列して泣いた日以外は、いつも歌って楽しみ、作曲もすれば、音楽談義にも花を咲かせました。

孔子には息子と娘が一人ずついましたが、息子の伯魚《はくぎょ》は学問が得意な方ではなかったようですし、孔子より先に死にました。三〇〇〇人もいたといわれる弟子たちの中には、特に学芸に秀でた者が七〇余名いて、孔子が強い親近感を持っていたのは、顔回と子路と子貢の三人でした。顔回は、貧しい生活をしながら、最も学問・修養に熱心でしたが、孔子より先に死にました。子路は、豪傑風で最年長の弟子でもあり、孔子に時々文句を言ったりしますが、やはり孔子より先に戦死します。子貢は、政治的交渉や金もうけが上手でしたが、孔子の死後、他の弟子たちよりも三年長く、六年間孔子の墓の近くに住んで喪に服しました。

孔子の思想は、大勢の弟子たちによって各地に広まりましたが、その学問的伝統の本流は、弟子の曽子《そうし》から孔子の孫の子思《しし》を経て、孟子《もうし》へと受け継がれていきました。更に、その後各時代の多くの学者が研究を進めて、儒学の諸学派が生まれます。我が国でも、江戸時代には優れた学者たちが独自の研究を行い、それぞれの立場から、人々の間に儒教的なものの見方や生活意識を広めました。

しかし、『論語』に記されている孔子の思想は、後世の学者たちの議論とは違って、簡潔平明で庶民感覚にもなじみやすいものです。私たちが『論語』を読む時には、次々と発展し変容していった儒教の諸側面とは別に、直接孔子の心に触れて、そのヒューマニズムから学ぼうとする気持が大切です。二一世紀の日本人が、忘れた心を取り戻すために、二五〇〇年も昔の苦労人孔子に学ぶのも、また楽しいことではないでしょうか。

4 『論語』各編の特色

『論語』は二〇編で構成されています。一見、どの編も、いろいろなテーマの文章がとりとめもなく雑然と置かれているだけのように感じられます。しかし、よく点検してみますと、一つ一つの編には、ある程度の特色があります。それを心得ておけば、各編ごとに読む目安もつきますし、『論語』全文の通読にも見通しがつくでしょう。

そこで、以下に、各編の特色について概観しておきます。

第一編（一六章）

第一編をきちんと読めば、後の一九編も楽に読めます。この編には、『論語』全体にくり返し語られているテーマや考え方が、一通り出てくるからです。例えば、学問・立派な人間・人間愛・親孝行・誠実さ・真心・礼法・正義などが取り上げられます。また、口先や表面だけの人間を警戒する（一の三）につながる言葉は、『論語』各編に語られています。

第二編（二四章）

前の編では、孔子の言葉も弟子の言葉も同等の価値を持つように並べてありましたが、

第二編では、弟子たちは孔子に教えを受ける質問者としてだけ登場します。また、君主や家老なども質問者として参加してきます。『論語』が楽しく読める理由の一つは問答や対話が多いことです。第二編では、親孝行についての問答が四章連続している点が目を引きます。

第三編（二六章）
第三編には、礼法に関する章が二〇章もあります。第一章から、家老の身分不相応な行いが強く批判されています。『論語』で言う礼法は、政治の体制や社会の秩序を崩さないために守るべき原則・儀礼・マナーのことで、孔子は、それが廃れてきたことに、危機感を持ったのです。二つの章で孔子は音楽について語っています。彼が音楽愛好者であったことが分かります。

第四編（二六章）
第四編では、冒頭から連続して七つの章で、人間愛（仁）について述べられています。これは、孔子の思想の中核となっている言葉で、『論語』を読む時に最も重視されるポイントです。この編でも、連続して四つの章で、親孝行の仕方が取り上げられています。二つの章にある、立派な人間（君子）とつまらない人間（小人）との対比論は、『論語』のあちこちに出てくるパターンです。

第五編（二八章）

第五編は、ほとんどの章が、孔子の語る人物批評です。対象は弟子や同時代人や古人で、孔子の、鋭くて温かい、人を見る目の確かさが良く分かります。『論語』では、時折、孔子が意外な言動を示して、読者を驚かせますが、その最初の例が（五の七）です。モラルの乱れた世の中に腹を立てた孔子が、急に、いかだにでも乗って海に浮かんでいたいと言い出すのです。

第六編（三〇章）

第六編でも、引き続いて孔子の人物論・人間観が多く見られます。二つの章では、とても印象的な場面で、孔子が「天」と「天命」について発言しています。ハンセン病で危篤になった弟子の手を取った時と、不品行の貴婦人と面会した後です。第二編でも、五〇歳で「天命」が分かったと孔子が言っていますが、彼の人生観では「天」や「天命」がキイ・ワードです。

第七編（三七章）

第七編には、孔子が自分の生き方や教え方について語っている章が多く、彼は、冷静な自己省察と率直な表現で、自画像を描いています。孔子の言動を伝える文章や弟子による孔子評もありますので、その人となりが良く分かります。金もうけについての孔子の考えも二つの章に出てきます。金持になるに越したことはないが、自分には外にやることがあると言うのです。

第八編（二一章）

第八編で目立つのは、孔子の後継者となった弟子の曽子《そうし》の言葉が、連続して五つの章に記されていることです。どれも名言ですが、特に（八の七）は、徳川家康の遺訓「人の一生は重荷を負いて遠き道を行くがごとし。急ぐべからず。」のヒントになったと言われています。他の一六章は孔子の言葉ですが、古代の名君主である堯《ぎょう》・舜《しゅん》・禹《う》に対する評論が目立ちます。（八の一四）と（一四の二七）とは全く同文です。

第九編（三一章）

第九編の前半には、孔子の人柄についての話題が集中していて、第七編を補っています。

孔子が、馬の扱いと弓術には自信を持っていたこと、若い時には生活に苦労したので、雑事をこなす能力が身に付いたこと、仕官したいのに採用してくれる君主がいなくて、うずうずしていたこと、酒には強かったことなどが記されています。最後の章には、彼の恋愛観まで出てきます。

第一〇編（一八章）

第一〇編には、孔子や弟子の語る教訓的な言葉は一つもありません。ほとんどが、孔子の行動習慣や食べ物の好みやファッション感覚の観察記録で、第九編までとは趣を異にしています。『論語』は第一〇編までが先に編集され、その最後がこういう内容になったとも言われています。（一〇の一二）は落語の「厩《うまや》火事」の素材です。江戸時代の庶民は寄席《よせ》で孔子の偉さに感心したわけです。

第一一編（二五章）

第一一編では、ほとんどの章に弟子の名前が出てきます。孔子が弟子を批評している場面が多いのですが、最も学問・修養に熱心であった顔回の早死には、孔子はとても落胆して、取り乱しています。この編の最終章は、『論語』の中で最も長文の章で趣があります。

孔子が、周りに座った四人の弟子たちの抱負に耳を傾けていますが、一番のんきな事を言う弟子に賛成するのです。

第一二編（二四章）

第一二編は、大部分が問答体になっています。最も多いテーマは政治のあり方についてです。頭の回転の速い弟子の子貢が畳みかけて質問する（一二の七）での孔子の応答が注目されます。次に多いテーマは人間愛についてで、冒頭から連続して三つの章で、このテーマが扱われています。質問する弟子の個性に対応して、孔子は人間愛を違った角度から説明しています。それが孔子の指導法なのです。

第一三編（三〇章）

第一三編でも、政治をテーマとした章が多く、冒頭から連続して三つの章で、弟子と孔子との政治問答がなされています。（一三の三）では、飲み込みが悪くてぶしつけな子路の発言をたしなめながら、孔子は、順序立てて丁寧に教えています。（一三の一五）では、国を興す一言と国を滅ぼす一言は何かという君主の質問に対する、孔子の味わい深い回答が注目されます。

第一四編（四六章）

第一四編は、『論語』の中で最も章数が多くて、それだけに話題も豊富ですが、孔子のしたたかさも読み取れます。第一は、斉の国の管仲への評価の仕方、第二は、やはり斉の国で家臣が君主を殺した時の、孔子の動き、第三は、恨みのある人には恩恵を与えず、率直に報復すべきだと孔子が言っていることです。孔子の思想は生半可なものではありません。

第一五編（四二章）

第一五編は、二番目に章数が多いのですが、その半数以上がとても短くて、原文ですと漢字一〇字以下の章が七つあります。扱っているテーマでは、処世訓や徳目論が多く、政治論や人物論は少ししか入っていません。『論語』には、同じ文章が別の編にも掲げられていることが時々あります。（一五の三）、（一五の一三）、（一五の二四）には、二回目の言葉が入っています。

第一六編（一四章）

第一六編は章数は少ないのですが、冒頭には『論語』で二番目に長い章があります。一つのテーマで三つとか九つの事例を列挙する、新しいスタイルの章も並んでいます。二つの章で、長期的展望を持つ孔子の政治観が語られています。『論語』の中で、孔子は『詩経』の重要さを何回も説いていますが、（一六の一三）でも、自分の息子に詩と礼法の勉強の大切さを教えています。

第一七編（二六章）

第一七編で目に付くのは、一一の章に示されている、孔子の鋭い人間観です。表面で威厳をつくろって中身がやわな人間はこそ泥と同じだと言い、もっともらしい田舎紳士は道徳の敵だと言っています。また、孔子が、苦瓜のように食べられずにぶら下がっていたくないと失業をぼやいたり、気にくわない事があって「もう何も言わないよ。」と弟子を困らせた話も出てきます。（一七の一七）は（一の三）と全く同文です。

第一八編（一一章）

第一八編は、章数が二番目に少ない編です。孔子が一国から立ち去る章が二つ続いています。他国での仕官挫折の時と自国での辞職・亡命の時で、いずれも孔子の人生を大きく左右しました。また、孔子と隠者との微妙な間柄を物語る章が三つあります。政治改革を志す孔子と世捨て人の隠者とは、一見相反する生き方をしていますが、どこかで糸がつながっているようにも思えるのです。

第一九編（二五章）

第一九編の大きな特色は、全部の章が、弟子の発言になっている点です。注目されるのは、弟子同志がお互いの考え方を批判し合っていることです。孔子の死後には、弟子たちの間に学風の違いが出てくることが分かります。子貢が、孔子より優れていると人から言われて当惑し、上手な例え話をあれこれ並べて、孔子の偉大さを語っている、終りの三章も印象的です。

第二〇編（三章）

第二〇編は、章数が最も少なくて、三章しかありませんが、前の二章はかなり長い文章で、中身も濃厚です。（二〇の一）では、堯《ぎょう》から舜《しゅん》へ、舜《しゅん》から禹《う》への禅譲の時の言葉と、殷《いん》王朝を建てた湯王《とうおう》の信念とを伝えています。（二〇の二）では、孔子が政治手法の優劣について語っています。『論語』最終章である（二〇の三）では、立派な人間になるための最も基本的な条件について語っています。

以上が『論語』二〇編の概要です。コンパクトにまとめましたので不十分ですが、おおよその内容はお分かりいただけたと思います。興味をそそられる編があれば、そこから先にお読みください。『論語』は第一編から順に読んでも、途中から読んでも、同じように楽しめます。ただし、もう一度申し上げますが、『論語』の本当の姿を知るために、是非とも、その全章全文に目を通していただきたいのです。

二、『論語』全文

——現代口語訳——

第一編

（一の一）

孔子《こうし》はこう言いました。「学んだ事を折にふれて復習する、こんなに嬉しいことはないね。友人がいて遠方からやって来る、こんなに楽しいことはないね。人から認められなくても気にしない、それが立派な人間ではないかね。」

（一の二）

孔子の弟子である有子《ゆうし》はこう言いました。「その人柄が親孝行で兄にも素直なのに、目上に逆らうのが好きだという人はまれだね。目上に逆らうのが好きではないのに、反乱を起こすのが好きだという人は、今までいなかったね。立派な人間は、物事の根本に力を入れるものだよ。根本が確立すれば、道は自然に生まれるからね。親孝行と兄への素直さが、人間愛の根本ではないだろうか。」

（一の三）

孔子はこう言いました。「口がうまくて、うわべだけ愛想の良い人には、人間愛が乏しいね。」


（一の四）

孔子の弟子である曽子《そうし》はこう言いました。「私は毎日三つのことを反省しているよ。人に世話をしてあげる時、誠意が欠けていたことはなかったか。友人との交際で、信義に反することはしなかったか。よく復習していないことを人に教えたりしなかったか、とね。」


（一の五）

孔子はこう言いました。「兵車千台を持っているような諸侯の国を治めるには、何事も慎重に行なって人々から信頼され、むだな費用を節約して、人々に愛情を持ち、人々を使う時には時期を選ぶことが大切だよ。」


（一の六）

孔子はこう言いました。「若い人たちは、家では親孝行をして、社会に出たら目上によく仕え、慎み深くして信義を守り、だれに対しても愛情を持ち、人間愛を持っている人と親しくすることだね。それを実行した上でゆとりがあれば、書物で学ぶのだよ。」


（一の七）

孔子の弟子である子夏《しか》はこう言いました。

「賢人を尊重して、色恋にとらわれず、親孝行には精一杯努力し、主君には献身的に仕え、友人との交際で言葉にうそのない人であれば、学問をしていないと言われていても、私は、きっと学識のある人だと思うね。」


（一の八）

孔子はこう言いました。「上に立つ者は、どっしりとしていないと威厳を失うよ。学問をしていれば頭は固くならないよ。誠意と信義を重んじて、自分より劣る者を友人にしない方がいいね。過ちを改めるのにためらってはいけないよ。」


（一の九）

曽《そう》子はこう言いました。「上に立つ者が、親の葬礼を慎み深く行ない、祖先を敬えば、人々の道徳心も深まってくるね。」

（一の一〇）

孔子の弟子である子禽《しきん》が、兄弟子の子貢《しこう》に質問しました。「うちの先生は、どこの国へ行っても、必ず政治についての相談に応じますが、あれは、先生の方から求めるのですか。それとも、先方から依頼されるのですか。」子貢はこう言いました。「先生のお人柄は、温和で、素直で、礼儀正しく、遠慮深くて、謙虚だから、先方からの依頼だね。先生の方から求めるとしても、ほかの人の求め方とは違うだろうね。」

（一の一一）

孔子はこう言いました。「父親が生きている間は、その志を見守ることだね。父親が亡くなったら、彼が生前に行なったことを見定めることだよ。三年間父親のやり方を変えなければ、親孝行だと言えるね。」

（一の一二）

有子はこう言いました。「礼法を行う時には、調和を貴ぶことだね。昔の名君たちの政治も、それによってすばらしいものになったのだよ。しかし、小さい事でも大きい事でも、それだけではうまくいかない時があるね。調和の大切さを知っていて調和を図っても、礼法に従って節度を守らなければ、うまくいかないものだよ。」

（一の一三）

有子はこう言いました。「約束したことが正義にかなっていれば、実行するのだよ。丁重な態度をとっても、礼法にかなっていれば、恥をかいたりしないよ。人を頼る時には、親しみ方をとり違えないことが大切だよ。」

（一の一四）

孔子はこう言いました。「立派な人間は、腹いっぱい食べたり、良い家に安住することは求めないよ。仕事に精一杯頑張り、発言には慎重で、道徳を重んずる人と交際して自らを正しくしていくならば、学問が好きだと言っていいね。」

（一の一五）

子貢が言いました。「貧しくても卑屈にならず、金持になっても威張らない人を、どう思われますか。」孔子はこう言いました。「結構だね。しかし、貧しくても道徳を楽しみ、金持になっても礼法を好む人には、及ばないよ。」子貢が言いました。「『詩経《しきょう》』にある『切《せっ》磋《さ》琢磨《たくま》で修養し』という言葉は、ここにも当てはまりますね。」孔子はこう言いました。「子貢よ、初めて君と『詩経』について語り合えるな。君に今までの事を話すと、その先の事まで分かるからね。」

（一の一六）

孔子はこう言いました。「他人が自分を理解していないことを嘆くより、自分が他人を理解していないことを嘆くものだよ。」

第二編

（二の一）

孔子はこう言いました。「政治を行う時に道徳を重んずれば、例えば、北極星が定まった位置にあり、多くの星がその方を向いて回っているような政治が実現するよ。」

（二の二）

孔子はこう言いました。「『詩経』にある三百編の詩の特色を一言で言うと、その一句にあるように、『心に不純なものがない。』ということだね。」

（二の三）

孔子はこう言いました。「人々を指導する時に法律や命令だけを重んじ、秩序を整える時に刑罰だけを重んじていると、人々は免れることばかりを考えて、恥じる心を持たなくなるよ。人々を指導する時に道徳を重んじ、秩序を整える時に礼法を重んずれば、人々は恥じる心を持って、正しい生き方をするようになるよ。」

（二の四）

孔子はこう言いました。「私は、十五歳で学問に志し、三十歳で一人立ちをして、四十歳で迷いがなくなり、五十歳で天命を知り、六十歳でどんな言葉も素直に耳に入るようになり、七十歳で心の欲するままに振舞っても道を外れることがなくなったよ。」


（二の五）

魯《ろ》の国の家老である孟懿子《もういし》が、親孝行の仕方を質問しますと、孔子はこう言いました。「間違えなければいいのですよ。」弟子の樊遲《はんち》が御者をしていましたが、孔子は彼にこう話しました。「孟懿子《もういし》から親孝行の仕方を質問されたので、間違えなければいいと答えておいたよ。」樊遲《はんち》が言いました。「それはどういう意味なのですか。」孔子はこう言いました。「親が生きていれば、仕える時に礼法を守り、親が亡くなったら、葬儀を行う時に礼法を守り、親の霊を祭る時にも礼法を守るということだよ。」


（二の六）

孟懿子《もういし》の息子である孟武伯《もうぶはく》が、親孝行の仕方を質問しますと、孔子はこう答えました。「御両親は、あなたが病気になることを一番心配されているのですよ。」

（二の七）

孔子の弟子である子游《しゆう》が、親孝行の仕方を質問しますと、孔子はこう言いました。「今の親孝行は十分に養ってさえいれば良いように言うが、犬や馬だって十分に養っているよ。敬いの心がなくては、どこで区別するのかね。」

（二の八）

子夏が親孝行の仕方を質問しますと、孔子はこう答えました。「優しい表情で接するのが難しいのだよ。仕事があれば若い者がその労力を引き受け、酒食があれば年長者に勧めるが、そういう事だけでは親孝行にはならないよ。」

（二の九）

孔子はこう言いました。「弟子の顔回《がんかい》と一日中話をしていても、素直に受け入れるだけなので、愚か者みたいだよ。しかし、私の前から引き下がってからの行動を見ると、私の教えたことを十分に発展させているよ。顔回は愚か者ではないね。」

（二の一〇）

孔子はこう言いました。「ある人の行動に注目し、そうする理由を見付け出し、どのように満足しているのかを推察すれば、その人はどうやって自分を隠せるかね。どうやって自分を隠せるかね。」


（二の一一）

孔子はこう言いました。「古いことをよく研究し、そこから新しい知恵を引き出すことのできる人物は、指導者にふさわしいね。」


（二の一二）

孔子はこう言いました。「立派な人間は、一つの用途しかない道具とは違うよ。」


（二の一三）

子貢が、立派な人間とはどんな人ですかと質問しますと、孔子はこう答えました。「まず言いたい事を実行し、その後で言葉に出す人だよ。」

（二の一四）

孔子はこう言いました。「立派な人間は、だれとでも親しんで、特定の人たちとなれ合うことはないね。つまらない人間は、特定の人たちとなれ合って、だれとでも親しむことはないね。」

（二の一五）

孔子はこう言いました。「ただ学ぶだけで考えなくては、深く理解できないよ。ただ考えるだけで学ばなくては、危なっかしいよ。」

（二の一六）

孔子はこう言いました。「変な思想の研究をすると、マイナスになるだけだよ。」

（二の一七）

孔子は弟子の子路《しろ》にこう言いました。「君に、知るとはどういうことかを教えてあげよう。知っていることを知っているとし、知らないことを知らないとする。それが知るということだよ。」

（二の一八）

弟子の子張《しちょう》は就職のために学ぼうとしていました。孔子はこう言いました。「多くを聞いた中から、疑わしいことを捨てて、残ったことを慎重に発言すれば、間違いが少ないよ。多くを見た中から、危ないことを捨てて、残ったことを慎重に行えば、後悔が少ないよ。発言に間違いが少なく、行いに後悔が少なければ、就職口も自然に見付かるよ。」

（二の一九）

魯《ろ》の国の君主である哀公《あいこう》が質問しました。「どのような政治を行えば、人々が服従するかね。」孔子はこう答えました。「まっすぐな人間を選んで、曲がっている者の上役に任命すれば、人々は服従します。曲がっている人間を選んで、まっすぐな者の上役に任命したら、人々は服従しません。」

（二の二〇）

魯《ろ》の国の家老である季康子《きこうし》が質問しました。「人々が敬意を持ち、忠実で、仕事に励むようになるには、どうすればいいですか。」孔子はこう言いました。「威厳のある態度を示せば、人々は敬意を持ちます。親孝行をして、だれにでも思いやりを持てば、人々は忠実になります。善行のあった人を褒めて、無力な人に教えてあげれば、人々は仕事に励むようになります。」

（二の二一）

ある人が孔子に言いました。「先生はどうして政治に参加されないのですか。」孔子はこう言いました。「『書経《しょきょう》』には、『親孝行が大切なのだ。親孝行と兄弟への思いやりが政治にもつながっていく。』と記されています。家庭にも政治があるのですから、あえて国の政治に参加しなくてもいいのですよ。」

（二の二二）

孔子はこう言いました。「信用のない人間は、物事をうまくやっていけないよ。もし、大きい車に牛をつなぐ止め木がなく、小さい車に馬をつなぐ止め木がなければ、どうやって車を動かすのかね。」

（二の二三）

子張が質問しました。「王朝が十回も交代した将来のことが分かるでしょうか。」孔子はこう言いました。「殷《いん》は夏《か》の礼法を受け継いでいて、廃止した所や補充した所も分かるよ。周《しゅう》は殷《いん》の礼法を受け継いでいて、廃止した所や補充した所も分かるよ。だから、周の後を継ぐ王朝が百回も交代した将来のことも分かるね。」

（二の二四）

孔子はこう言いました。「自分の家の祖先霊でないものを祭るのは、へつらうことだよ。正義を見て実行しないのは、勇気がない事だよ。」

第三編

（三の一）

孔子は、魯《ろ》の国の家老である季《き》氏について、こう言いました。「天子しか行えないはずの八列の舞楽を、自分の祖先廟《びょう》の庭で行なっている。こんなことを平気でやるようでは、もっと大それたこともやりかねないね。」

（三の二）

魯《ろ》の国の孟《もう》氏・叔《しゅく》氏・季《き》氏の家老御三家では、祖先祭で供物を下げる時、天子しか行えないはずの、『詩経』にある「雍《よう》」という式歌を演奏していました。孔子はこう言いました。「あの歌には『諸侯がお世話をする時に、天子はゆったり座ってる。』という一節があるではないか。諸侯の家臣にすぎない御三家の式場で、どうして演奏していいものだろうか。」

（三の三）

孔子はこう言いました。「人が人間愛を持っていない時、礼法にどんな意味があるのかね。

人が人間愛を持っていない時、雅楽にどんな意味があるのかね。」

（三の四）

林放《りんぽう》という人が、礼法の根本は何ですかと質問しますと、孔子はこう言いました。「大きな質問ですね。礼法は、華やかに行うよりも、むしろ簡素でいいのです。葬祭は、儀式を整えるよりも、むしろ心から悲しめばいいのです。」

（三の五）

孔子はこう言いました。「異民族では君主権が安泰で、中国にある諸国では君主の影が薄いのとは違うよ。」

（三の六）

君主だけが行う泰山《たいざん》の祭を、家老の季氏が行おうとしました。孔子は、季氏に仕えていた弟子の冉有《ぜんゆう》に、こう言いました。「君は止めることができないのかね。」冉有《ぜんゆう》は答えました。「できません。」孔子はこう言いました。「あゝ、泰山の神が、礼法の根本を質問した林《りん》放《ぼう》にも及ばない、とでも思っているのかね。」

（三の七）

孔子はこう言いました。「立派な人間は人と争わないよ。争うとしたら、きっと弓の試合だろうね。それも、丁寧にあいさつを交わして、競技堂に昇り降りするし、勝者は敗者に酒を飲ませるのだ。これが君子の争いだよ。」

（三の八）

子夏が質問しました。「『詩経』には『にっこり笑って愛らしく、目は美しく澄んでいる。白いお化粧チャーミング。』という一節がありますが、どんな意味なのですか。」孔子はこう答えました。「絵を書く時に、白い絵具で仕上げをするのと同じだよ。」子夏が言いました。「大切なのは心で、礼法は仕上げなのだ、という意味ですか。」孔子はこう言いました。「私も子夏には啓発されるな。初めて君と『詩経』について語り合えるね。」

（三の九）

孔子はこう言いました。「夏《か》の礼法について私は説明できるが、夏《か》の子孫の国である杞《き》には、証拠となる資料が不足しているね。殷《いん》の礼法についても私は説明できるが、殷《いん》の子孫の国である宋《そう》にも、証拠となる資料が不足しているね。古い記録も伝承者も不足しているのだよ。もし、十分な資料が残っていれば、私も説明の根拠を示せるのだがね。」

（三の一〇）

孔子はこう言いました。「魯《ろ》の国でも行われている周の祖先祭は、霊を招くために酒を地面に注ぐ儀式の後に不備な点があるので、私は見たくないね。」

（三の一一）

ある人が、周の祖先祭の意味について質問しました。孔子は、「知りません。その意味を知っている人なら、全国を治めても、ここをこう見るようなものでしょうね。」と言って、自分の手の平を指さしました。

（三の一二）

孔子が祖先を祭る時には、そこに祖先がいるかのように行いましたし、神を祭る時には、そこに神がいるかのように行いました。孔子はこう言いました。「自分が祭に参列しないと、祭が行われなかったような気がするよ。」

（三の一三）

衛の国の実力者である王孫賈《おうそんか》が、「ことわざで『奥の神へのごきげん取りより、かまどの神へのごきげん取りだ。』と言うのは、どんな意味ですかな。」と質問して、君主よりも自分に頼ってはどうかとほのめかしました。孔子はこう言いました。「そのことわざは間違っていますよ。天に対して罪を犯したら、どの神に祈っても無駄ですからね。」

（三の一四）

孔子はこう言いました。「周の文化は、夏《か》の文化と殷《いん》の文化を総合したものだから、華やかですばらしいね。私は周の文化に従うよ。」

（三の一五）

孔子は、君主の始祖を祭ってある大廟《びょう》に入って、祭礼の手伝いをする時、礼法について一つ一つ質問しました。ある人がこう言いました。「だれだね、鄹《すう》の村を治めていた人の息子が礼法を知っていると言ったのは。大廟に入って一々質問しているよ。」孔子はそれを聞いて、こう言いました。「それが礼法にかなうことなのだよ。」

（三の一六）

孔子はこう言いました。「弓の競技は、的の皮を射抜くことが大切なのではないよ。腕力は人によってレベルが違うからね。古来の弓道はそういうものだよ。」

（三の一七）

君主の祖先廟《びょう》から毎月の暦を受け取る儀式は、もう羊を捧げるだけに簡略化されていましたが、子貢はそれも廃止しようとしました。孔子はこう言いました。「子貢よ、君はその羊を惜しむが、私はその礼法が廃れて行くのを惜しむよ。」

（三の一八）

孔子はこう言いました。「主君に仕えて礼法をきちんと守っていると、人々はそれをごげん取りだと言うからね。」

（三の一九）

魯《ろ》の国の君主である定公《ていこう》が質問しました。「君主が家臣を使い、家臣が君主に仕える時には、どのようにすればいいのかね。」孔子はこう答えました。「君主が家臣を使う時には礼法を重んじ、家臣が君主に仕える時には誠意を尽くすことです。」

（三の二〇）

孔子はこう言いました。「『詩経』の冒頭にある『みさご』という愛の詩は、楽しいけれどみだらではないし、悲しいけれど心が傷つくほどではないね。」

（三の二一）

哀公《あいこう》が、孔子の弟子である宰我《さいが》に、地の神を祭る社の御神木は何の木かと質問しました。宰我はこう答えました。「夏《か》の時代には松を、殷《いん》の時代にはひのきを、周の時代には栗《くり》を御神木にしています。栗という字には、人々をおびえさせるという意味があります。」孔子はそれを聞いて、こう言いました。「終った事はとやかく言わないし、してしまった事は注意しないし、過ぎた事はとがめないがね。」

（三の二二）

孔子はこう言いました。「斉の国の宰相であった管仲《かんちゅう》は、器の小さい人物だったね。」ある人が言いました。「管仲は倹約家だったのですか。」孔子はこう言いました。「管仲は、屋敷を三つ持っていたし、家臣も一人に一役だけをさせるほど抱えていて、とても倹約家とは言えませんね。」「では、管仲は礼法をわきまえていたのですか。」孔子はこう言いました。「君主が作る門内の目隠し塀を、管仲も作り、君主同志の親睦の宴で使われる杯の置き台を、管仲も使っていました。管仲が礼法をわきまえていたと言うなら、礼法をわきまえていない人間などいませんよ。」

（三の二三）

孔子は、魯《ろ》の国の雅楽オーケストラの指揮者に、音楽についてこう語りました。「音楽のすばらしさは私にも分かりますよ。曲の始めには、多くの楽器の音をきれいに合わせ、演奏が盛り上がると、美しいハーモニーを響かせ、各パートがはっきりとメロディーやリズムを聞かせ、その調和した演奏が続いてから、やがて曲が終るのですね。」

（三の二四）

衛の国の儀《ぎ》という町の関所役人が、孔子との面談を申し出て、こう言いました。「立派な方がここに来られた時、私がお目にかかれなかったことはないのですよ。」弟子が彼を孔子に会わせますと、やがて出てきて、こう言いました。「皆さん、何もあの方が官職を失ってさすらうのを悲しむことはないですよ。世の中は、道徳が長い間乱れ続けています。天がきっとあの方を選んで、役人が木鐸《ぼくたく》を振り鳴らして布告を伝えるように、道徳の復興を説いて回る使命を与えたのですよ。」

(三の二五)

孔子は、舜《しゅん》の時代に作られた「韶《しょう》」という音楽について、こう言いました。「この曲は、とても美しいし、とても善い内容だね。」また、周王朝の武王《ぶおう》の時代に作られた「武《ぶ》」という音楽について、こう言いました。「この曲は、とても美しいが、とても善い内容とまではいかないいね。」

(三の二六)

孔子はこう言いました。「人の上に立っても寛容ではないし、礼法を行なっても慎みがないし、葬儀に参列しても悲しい気持を持たないのでは、私はどこを見て評価してあげればいいのかね。」

第四編

（四の一）

孔子はこう言いました。「人間愛を大切にする生き方は美しいね。人間愛を大切にしない生き方を選ぶのが、どうして知恵のあることだと言えるのかね。」

（四の二）

孔子はこう言いました。「人間愛を持っていない人は、貧乏な生活でも長くは続かないし、安楽な生活でも長くは続かないね。人間愛を持っている人は人間愛で心が安らぐし、知恵のある人は人間愛を活用しようとするね。」

（四の三）

孔子はこう言いました。「人間愛を持っている人だけが、本当に、人を愛することができるし、人を憎むことができるね。」

(四の四)

孔子はこう言いました。「本当に人間愛への志を持てば、悪い事は起きないよ。」


(四の五)

孔子はこう言いました。「財産や高い身分は人が欲しがるものだね。しかし、正しい方法によってでなければ、それを保っていてはいけないよ。貧乏や低い身分は人が嫌うものだね。しかし、正しい方法によってでなければ、そこから抜け出してはいけないよ。

立派な人間も、人間愛から離れたら、どのようにして名誉を得ることができるのかね。

立派な人間は、食事をしている時にも人間愛を忘れないし、忙しい時でも必ずそうだし、緊急の際でも必ずそうだよ。」


(四の六)

孔子はこう言いました。「私は、人間愛が好きな人も、人間愛のないことを憎む人も、まだ見たことがないよ。人間愛が好きな人には、更に加えるものはないね。人間愛のないことを憎む人も、人間愛を行うようになるよ。人間愛のない人から悪影響を受けることがないからね。

一日でも自分の力で人間愛を行おうと努力した時に、その力が不足しているという人を、私はまだ見たことがないよ。どこかにいるのかもしれないが、私はまだ見たことがないね。」

（四の七）
孔子はこう言いました。「人の過ちにはそれぞれの人柄の種類が反映するね。過ちを見れば、その人が人間愛をどの位持っているのかが分かるよ。」

（四の八）
孔子はこう言いました。「朝、人の守るべき道の真理を聞くことができたら、夕方には死んでもいいよ。」

（四の九）
孔子はこう言いました。「人の守るべき道を求めて志を立てた教養人が、衣食の粗末なことを恥ずかしいと思うようでは、まだ共に語る資格はないね。」

（四の一〇）

孔子はこう言いました。「立派な人間は、世の中のことについて、こうしたいとか、こうしたくないとかにはこだわらないね。常に正義に従うだけだよ。」


（四の一一）

孔子はこう言いました。「立派な人間は道徳のことを考えるが、つまらない人間は住む土地のことを考えるね。立派な人間はルールのことを考えるが、つまらない人間は恩恵のことを考えるね。」


（四の一二）

孔子はこう言いました。「利益だけを求めて行動していると、恨まれることが多いよ。」


（四の一三）

孔子はこう言いました。「礼法にかなった謙譲の心で国を治めることができたら、何の問題もないね。礼法にかなった謙譲の心で国を治めることができないのでは、礼法をどう役立たせるのかね。」

（四の一四）

孔子はこう言いました。「地位がないことを気にかけるのではなくて、地位にふさわしい実力の養い方を気にかけるものだよ。自分が認められないことを気にかけるのではなくて、認められる実績を上げようと努力するものだよ。」

（四の一五）

孔子はこう言いました。「曽参《そうしん》よ、私が説く人の道は、ただ一つを貫くことなのだよ。」曽子は「はい。」と答えました。孔子が立ち去ると、門人が質問しました。「どういう意味なのですか。」曽子はこう答えました。「先生が説かれる人の道は、真心と思いやりに尽きるという意味だよ。」

（四の一六）

孔子はこう言いました。「立派な人間は正義に敏感だが、つまらない人間は利益に敏感だね。」

（四の一七）

孔子はこう言いました。「賢い人間を見たら、その人のようになろうと思い、愚かな人間を見たら、自分はどうなのかを反省することだね。」


（四の一八）

孔子はこう言いました。「父母の世話をしていて、いさめる時には、穏やかに言うものだよ。聞き入れられなくても、敬意を失わず逆らわないことだね。苦労があっても恨んではいけないよ。」


（四の一九）

孔子はこう言いました。「父母が生きている間は、遠い所へ旅をしないことだね。旅をする時には、必ず行く先を知らせておくことだよ。」


（四の二〇）

孔子はこう言いました。「父親が亡くなってから三年間、彼のやり方を変えないのは、親孝行と言っていいね。」

（四の二一）

孔子はこう言いました。「父母の年齢は覚えておくものだよ。一方では、長寿を喜び、他方では、健康を気づかうためにね。」


（四の二二）

孔子はこう言いました。「昔の人が、自分の考えを軽々しく口に出さなかったのは、実行が伴わないと恥ずかしいからだよ。」


（四の二三）

孔子はこう言いました。「控え目に行動していて失敗する人は、めったにいないね。」


（四の二四）

孔子はこう言いました。「立派な人間は、口は重くても、行動は敏速にと心がけるね。」


（四の二五）

孔子はこう言いました。「道徳を重んずる人が孤立することはないよ。必ず、仲間がいるものだよ。」

（四の二六）

子游《しゆう》はこう言いました。「主君に仕えて、余りしつこくいさめると、かえって恥ずかしめられるよ。友人に余りしつこく忠告すると、かえって嫌がられるよ。」

第五編

（五の一）

孔子は、弟子の公冶長《こうやちょう》について、こう言いました。「彼にはうちの娘を嫁にやってもいいいな。入獄したこともあるが、無実だったしね。」孔子は娘を彼と結婚させました。


（五の二）

孔子は、弟子の南容《なんよう》について、こう言いました。「彼は、国で道徳が行われている時には官職に就けるし、国で道徳が行われていない時でも、刑罰を受けることはないね。」孔子は兄の娘を彼と結婚させました。


（五の三）

孔子は、弟子の子餞《しせん》について、こう言いました。「立派な人間だよ、こういう人は。しかし、魯《ろ》の国に立派な先輩がいなかったら、どうやってあれほどまでになれたかな。」

（五の四）

子貢が「私をどのように評価されますか。」と質問しますと、孔子はこう答えました。「君は器だな。」子貢が「どんな器ですか。」と質問しますと、孔子はこう答えました。「君主の祖先祭の時、お供え物を盛ってささげる、あの瑚璉《これん》という貴重な器だよ。」

（五の五）

ある人が言いました。「お弟子の仲弓《ちゅうきゅう》は、人間愛は持っていますが、話下手ですね。」孔子はこう答えました。「どうして話上手でなくてはいけないのですか。口先で人を丸め込む人間は、よく人から憎まれるものです。彼が人間愛を持っているかどうかは分かりませんが、話上手でなくてもいいのですよ。」

（五の六）

孔子が弟子の漆雕開《しっちょうかい》を仕官させようとしますと、「私にはまだ仕官するほどの自信はありません。」と答えました。孔子は喜びました。

（五の七）

孔子はこう言いました。「道徳が行われていないね。いかだにでも乗って、海に浮かんでいたいよ。一緒に来てくれるのは子路かな。」これを聞いて子路が喜びますと、孔子はこう言いました。「子路は、勇敢な点では私より上だよ。しかし、いかだの材料をそろえられるかな。」

（五の八）

魯《ろ》の国の家老である孟武伯《もうぶはく》が質問しました。「子路は人間愛を持っていますか。」孔子はこう答えました。「分かりません。」孟武伯がまた同じ質問をしますと、孔子はこう答えました。「子路は、諸侯の国の軍事ならまかせられます。しかし、人間愛を持っているかどうかは分かりません。」「では、冉有《ぜんゆう》はどうですか。」孔子はこう答えました。「冉有《ぜんゆう》は、千戸ほどの町の代官や家老の家の執事ならまかせられます。しかし、人間愛をもっているかどうかは分かりません。」「では、子華《しか》はどうですか。」孔子はこう答えました。「子華《しか》は、礼服を着て朝廷に立ち、賓客を接待する役ならまかせられます。しかし、人間愛を持っているかどうかは分かりません。」

（五の九）

孔子は子貢にこう言いました。「君と顔回とは、どっちが優れているかな。」子貢はこう答えました。「私はとても顔回には及びません。彼は一を聞いて十を知りますが、私は一を聞いて二を知るぐらいですから。」孔子は言いました。「そうだね、私も君も彼にはかなわないね。」

（五の一〇）

宰我が昼間から寝ていました。孔子はこう言いました。「腐った木材に彫刻はできないし、ぼろ土の塀に上塗りはできないね。宰我には注意しても無駄だよ。」孔子は更にこう言いました。「以前の私は、その人の言葉を聞いて行動まで信用してきたが、今では、その人の言葉を聞いただけでなく、行動もよく観察してから判断しているよ。宰我のことがあってから、考え方を変えたよ。」

（五の一一）

孔子はこう言いました。「私は強い人間を見たことがないね。」ある人が答えました。「お弟子の申棖《しんとう》はどうでしょうか。」孔子は言いました。「彼は欲が深いだけですよ。とても、強い人間であるとは言えませんね。」

（五の一二）

子貢がこう言いました。「私が他人からされたくないことを、私も他人にはしないつもりです。」孔子が言いました。「子貢よ、君にはまだ無理だよ。」

（五の一三）

子貢はこう言いました。「うちの先生からは、文化についてのお話を聞くことはできるが、人間の本性や天の道理についてのお話はなかなか聞くことができないね。」

（五の一四）

子路は、教えを聞いてまだ実行できないうちには、次の教えを聞くのを恐れました。

（五の一五）

子貢が質問しました。「衛の国の上級家臣である孔文子《こうぶんし》には、どうして、『文』という立派な贈り名が付けられたのですか。」孔子はこう言いました。「彼は、頭も良かったし、学問が好きで、年下の者に教わるのも恥ずかしいとは思わなかったね。だから、『文』という贈り名が付けられたのだよ。」

（五の一六）

孔子は、鄭《てい》の国の宰相であった子産《しさん》について、こう言いました。「彼は、上に立つ者の道を四つ身につけていたね。自らの行動には慎みを持ち、主君に仕えてはうやうやしく、人々を養っては恵み深く、人々を使う時には公正に行なったのだよ。」

（五の一七）

孔子はこう言いました。「斉の国の宰相である晏平仲《あんぺいちゅう》は、人との交際の仕方が立派だね。永年交際してきた人にも、敬意を失わないからね。」

（五の一八）

孔子はこう言いました。「魯《ろ》の国の宰相であった藏文仲《ぞうぶんちゅう》は、占いの亀甲を所蔵し、屋敷の柱の上部に山の彫刻をし、梁《はり》の上の短い柱に水草模様を付けて、君主の格式を真似ていたよ。どうして知恵のある人間であったと言えるのかね。」

（五の一九）

子張が質問しました。「楚《そ》の国の宰相であった子文《しぶん》は、三回も任命されましたが、嬉しそうな顔をしませんでした。また、三回も解任されましたが、不満そうな顔もせず、前任宰相として行なってきた政策を、必ず後任宰相に伝えました。どう思われますか。」孔子は言いました。「誠実だね。」「人間愛を持っている人だったのではないでしょうか。」「分からないね。それだけでどうして人間愛を持っていたと言えるかね。」

子張がまた質問しました。「斉の国の家老であった崔子《さいし》が主君を殺した時、もう一人の家老であった陳文子《ちんぶんし》は、馬四十頭もの財産を捨てて亡命しました。しかし、他国に行くと、『ここにも崔子《さいし》のような人間がいる。』と言って、そこを立ち去り、もう一つの国に行くと、また『ここにも崔子《さいし》のような人間がいる。』と言って、そこを立ち去りました。どう思われますか。」孔子は言いました。「潔癖だね。」「人間愛を持っている人だったのではないでしょうか。」「分からないね。それだけでどうして人間愛を持っていたと言えるかね。」

（五の二〇）

魯《ろ》の国の家老であった季文子《きぶんし》は、何事も三回考えてから実行しました。孔子はそれを聞いて、こう言いました。「二回考えれば十分だよ。」

（五の二一）

孔子はこう言いました。「衛の国の家老であった甯《ねい》武子《ぶし》は、国で道徳が行われている時には、知恵者らしく行動し、道徳が行われていない時には、愚か者のように行動したね。その知恵者らしい行動は真似ができても、愚か者のような行動は真似ができないよ。」

（五の二二）

孔子は、陳の国に滞在していた時、こう言いました。「帰ろうかな、帰ろうかな。故郷の若者たちは、志は大きいがやることが雑だね。彼らは、美しい模様の錦のような素質を持ってはいるが、どのように裁断して仕立てたらいいのか分からないのだよ。」

（五の二三）

孔子はこう言いました。「孤竹《こちく》国の王位を譲り合って共に周に亡命し、殷《いん》を滅ぼした周の武王を批判して山中で餓死した伯夷《はくい》と叔斉《しゅくせい》は、人の過去の悪事にはこだわらなかったね。だから、人から恨まれることはほとんどなかったのだよ。」

（五の二四）

孔子はこう言いました。「だれだね、微生高《びせいこう》という男が正直者だなどと言ったのは。ある人が彼の家に酢をもらいに行ったら、隣の家から酢をもらってきて、自分の家にあったかのように出したそうだよ。」

（五の二五）

孔子はこう言いました。「口先が巧みで、愛想が良くて、態度が丁重すぎるのを、左丘明《さきゅうめい》は恥だと言うが、私もやはり恥だと思うね。内心では恨んでいる人と友人のようにつき合うのを、左丘明は恥だと言うが、私もやはり恥だと思うよ。」

（五の二六）

顔回と子路が孔子のそばにいた時、孔子はこう言いました。「どうしてそれぞれ自分の志について話さないのかね。」子路はこう言いました。「私の車や馬や衣服や毛皮のコートは友人との共用にして、痛んでも気にしないでいたいですね。」顔回はこう言いました。「善い事をしても自慢せず、いやな事は人に押しつけないようにしたいですね。」子路が「先生のお志を聞かせてください。」と言いますと、孔子はこう言いました。「老人からは安心され、友人からは信頼され、若者からは慕われるようになりたいね。」

（五の二七）

孔子はこう言いました。「どうしようもないなぁ。私は、自分の過ちを認めて自分を責めるような人間には、まだ会ったことがないよ。」

（五の二八）

孔子はこう言いました。「十軒ほどの小さな村にも、必ず、私と同じくらい誠実で信頼できる人がいるよ。しかし、私と同じくらい学問好きな人はいないね。」

第六編

（六の一）

孔子はこう言いました。「仲弓は、君主になってもいいほどの人柄だね。」

（六の二）

仲弓が、子桑伯子《しそうはくし》という人物をどう思われますかと質問しますと、孔子はこう言いました。「良い人だね。寛大だよ。」仲弓が言いました。「慎み深くて、寛大な心で人々に接するのなら結構ですが、気持がたるんでいて寛大なのでは、だらしないのではありませんか。」孔子は言いました。「仲弓の言うとおりだよ。」

（六の三）

哀公が質問しました。「弟子たちの中で、だれが学問好きかね。」孔子はこう答えました。「顔回という者がいました。学問が好きで、怒って八つ当たりすることもなく、同じ失敗は二度とくり返しませんでした。しかし、不幸なことに、短命で死んでしまいました。今はもういません。ほかには、学問好きな者について聞いたことはありません。」

（六の四）

子華が、孔子の使者として、斉の国へ旅立ちました。冉有《ぜんゆう》が、留守宅の母親に米を支給してほしいと申し出ました。孔子は「六升ほど上げなさい。」と言いました。冉有《ぜんゆう》が増量をお願いしますと、孔子は「では一斗四升ほど上げなさい。」と言いました。冉有《ぜんゆう》は独断で七石二斗ほどを支給しました。孔子はこう言いました。「子華が斉に出発した時には、立派な馬に乗り、軽い上等の毛皮を着ていたね。私はこう聞いたことがあるよ。『立派な人間は、困っている人は助けてあげるが、金持には援助しない。』とね。」

（六の五）

弟子の原憲《げんけん》が孔子の領有地の執事に任命されました。彼に米八石ほどの給与が与えられますと、辞退しました。孔子はこう言いました。「遠慮することはないよ。君の隣近所や村の人たちに分けてあげればいいのだからね。」

（六の六）

孔子は仲弓のことをこう言いました。「まだら毛の牛から生まれた子でも、赤毛で立派な角を持っていたら、用いないでおこうとしても、山川の神々が見捨てては置かないよ。」

（六の七）

孔子はこう言いました。「顔回の心は、三か月でも人間愛に背くことはないが、ほかの者は、一日とか一か月しか続かないね。」

（六の八）

季康子《きこうし》が質問しました。「子路に政治を担当させても大丈夫ですか。」孔子はこう言いました。「子路には決断力がありますから、政治を担当しても何の問題もありません。」「では、子貢に政治を担当させても大丈夫ですか。」「子貢は物事をよく心得ていますから、政治を担当しても何の問題もありません。」「では、冉有《ぜんゆう》に政治を担当させても大丈夫ですか。」「冉有《ぜんゆう》は才能豊かですから、政治を担当しても何の問題もありません。」

（六の九）

季氏が、孔子の弟子である閔子騫《びんしけん》を、費《ひ》という町の代官に任命しようとしました。閔子《びんし》騫《けん》は使者にこう言いました。「私のためにうまくお断りしてください。またその話を私の所に持ち込んだら、きっと、私は斉の国との国境を流れる汶水《ぶんすい》のほとりへ行ってしまいますよ。」

（六の一〇）

孔子の弟子である伯牛《はくぎゅう》が重病にかかりました。孔子は見舞いに行って、窓ごしに彼の手を握ってから、こう言いました。「助からないのだろうな。これも天命なのだ。この人がこんな病気にかかるとは、この人がこんな病気にかかるとは。」

（六の一一）

孔子はこう言いました。「立派だね、顔回は。一ぜんの御飯と一杯の汁で、路地裏に暮らしているよ。ほかの者ならつらくて我慢できないだろうが、顔回は道を学ぶ楽しみを変えようとはしない。立派だね。顔回は。」

（六の一二）

冉有《ぜんゆう》が言いました。「先生の教えを喜ばないのではありません。私の力が足りないのです。」

孔子はこう言いました。「力不足というのは、途中まで頑張ったのに挫折することだよ。君は、最初から自分を見限っているではないか。」


（六の一三）

孔子は子夏にこう言いました。「君には立派な人柄の学者になってほしいね。つまらない人柄の学者にはならないでほしいよ。」


（六の一四）

子游《しゆう》が武城《ぶじょう》という町の代官に任命されました。孔子が言いました。「頼りになる部下は見付かったかね。」子游《しゆう》はこう答えました。「澹台滅明《たんだいめつめい》という者がいます。彼は、歩く時に近道を通りませんし、公用でない限り、今まで私の部屋に入って来たことはありません。」


（六の一五）

孔子はこう言いました。「魯《ろ》の国の将軍である孟之反《もうしはん》は、手柄を誇らない人だね。斉の国との戦いに敗れて退却する時、難しい最後尾の指揮を取ったが、やっと帰り着いて城門を入る時、乗っていた馬にむちを当てて、こう言ったよ。『あえてしんがりを引き受けたわけではないよ。この馬が速く走ってくれなかったのだよ。』とね。」

（六の一六）

孔子はこう言いました。「衛の国の上級家臣である祝鮀《しゅくだ》のような巧みな弁舌を持たないで、宋《そう》の国の王族である宋朝《そうちょう》のような美男子であるというだけでは、難しいだろうね、今の世の中を無事に生きるのは。」

（六の一七）

孔子はこう言いました。「だれだって、部屋から出るのに、戸口を通らないことはないよね。どうして、生きて行くのに、人の道を通らないのかね。」

（六の一八）

孔子はこう言いました。「質朴さが教養よりまさっていると、粗野な人間になるね。教養が質朴さにまさっていると、文書役人みたいになるね。教養と質朴さとがよく調和してこそ、立派な人間になれるのだよ。」

（六の一九）
孔子はこう言いました。「人が生きて行けるのは、誠実だからだよ。誠実さがないのに生きているのは、たまたま死を免れているだけだね。」

（六の二〇）
孔子はこう言いました。「何事をやるにしても、ただ知っているだけの人は、それが好きな人には及ばないね。それが好きな人も、それを楽しむ人には及ばないね。」

（六の二一）
孔子はこう言いました。「中以上の力を持っている人には、ハイレベルの話もできるが、中以下の力しか持っていない人には、ハイレベルの話はできないね。」

（六の二二）
樊遅《はんち》が、知恵とはどういうものですかと質問しますと、孔子はこう答えました。「人間としての義務を果たして、霊魂や神を敬遠するのが知恵だと言っていいね。」また、人間愛とはどういうものですかと質問しますと、こう答えました。「人間愛のある人は、まず難しい仕事に取り組み、利益のことなどは後回しにするよ。それが人間愛だと言っていいね。」

（六の二三）
孔子はこう言いました。「知恵のある人は水を楽しむし、人間愛のある人は山を楽しむね。知恵のある人は活動的だし、人間愛のある人は物静かだね。知恵のある人は人生を楽しむし、人間愛のある人は長寿だね。」

（六の二四）
孔子はこう言いました。「斉の国が少し変われば魯《ろ》の国のようになるね。魯の国が少し変われば道徳的な国になるね。」

（六の二五）
孔子はこう言いました。「近頃の大杯は角張った形をしていないね。これでは大杯ではないよ。大杯ではないよ。」

（六の二六）

宰我が質問しました。「人間愛を持っている人は、井戸の中に人が落ちていると告げられたら、すぐに飛び込んだりしませんか。」孔子はこう答えました。「そんなことはしないね。立派な人間を、その場所まで行かせることはできても、中に飛び込ませることなどできないよ。ちょっとはだませても、とことんだますことはできないね。」

（六の二七）

孔子はこう言いました。「立派な人間が、広く学芸を学び、それを整えるために礼法を実践すれば、人の道に背かない生き方ができるだろうね。」

（六の二八）

孔子は、衛の国の君主霊公《れいこう》の夫人で、不倫のうわさがある南子《なんし》に招かれて、会いに行きました。子路が面白くない顔をしますと、孔子は誓うようにこう言いました。「私の行動が正しくなければ、天が私を見捨てるよ。天が私を見捨てるよ。」

(六の二九)

孔子はこう言いました。「中庸という道徳は最高だよ。しかし、人々がほとんど実践しなくなってから、長い年月が過ぎてしまったね。」

(六の三〇)

子貢が言いました。「もし、広く人々に恩恵を施すことができて、多くの人々を救うことができたら、いかがでしょうか、人間愛と言えますか。」孔子はこう言いました。「それはもう人間愛と言うより、きっと聖人の行いだね。昔の名君である堯《ぎょう》や舜《しゅん》でさえ、そのようにはできなくて悩んだのだ。人間愛を持っている人は、自分が立ちたいと思えば人を立たせるし、自分が到達したいと思えば人を到達させるよ。何事も身近な問題として思いやるのが、人間愛を行う道だと言っていいね。」

第七編

（七の一）

孔子はこう言いました。「私は、先人の教えを述べているだけであって、新しい説を作ってはいないよ。昔の事を信じているし、好きなのだ。内心、そんな自分を殷《いん》の賢人である老彭《ろうほう》と比べているのさ。」

（七の二）

孔子はこう言いました。「黙って学んだことを覚え、学んでいて嫌になることはなく、人に教えていても飽きることはない。この程度のことなら私には何でもないね。」

（七の三）

孔子はこう言いました。「道徳が身に付かず、学問を究められず、正義を聞いても実行できず、自分の善くない所も直せない。これが私の悩みなのだよ。」

（七の四）

孔子がくつろいでいる時は、のんびりとして、にこやかな様子でした。


（七の五）

孔子はこう言いました。「ひどくなってきたね、私の衰えも。もう長いこと、周王朝を建てた武王の弟で周の礼法を定めた周公《しゅうこう》を、夢の中で見ていないよ。」


（七の六）

孔子はこう言いました。「人の道に志し、道徳をより所とし、人間愛を大切にしながらも、趣味教養を楽しむことだね。」


（七の七）

孔子はこう言いました。「干し肉一束の謝礼さえ持って来れば、どんな人にでも、私は教えなかったことなどないよ。」

（七の八）

孔子はこう言いました。「分からなくて興奮しているぐらいでないと、教えないよ。表現できなくて焦っているぐらいでないと、助けないよ。四角いものの一つの隅について教えた時、ほかの三つの隅のことまで考えて答えないようでは、くり返しては教えないよ。」

（七の九）

孔子は、喪に服している人のそばで食事をする時には、腹一杯は食べませんでした。孔子は、葬儀で声を出して泣いた日には、歌いませんでした。

（七の一〇）

孔子は顔回にこう言いました。「任用されたら精一杯働くし、任用されなければ引きこもる。私と君ぐらいかね、それができるのは。」子路が言いました。「先生が大軍を率いる時には、だれと一緒に行動されますか。」孔子はこう言いました。「虎と素手で戦ったり、黄河を歩いて渡ろうとするような、死んでも悔いのない人とは、一緒にやれないよ。必ず、いざという時には用心深く、計略を考えるのが好きで、それを成功させる人と組むね。」

（七の一一）

孔子はこう言いました。「富が求めて手に入るものなら、行列の先払いをする足軽でも私はやるよ。もし、求めても手に入らないものなら、私は好きなことをやりたいね。」


（七の一二）

孔子が慎重な態度を取ったのは、お清めと、戦争と、病気の時でした。


（七の一三）

孔子は、斉の国に滞在していた時、舜《しゅん》の時代に作られた「韶《しょう》」という音楽を聞いて感動し、三か月間は肉の味が分からないほどでした。孔子はこう言いました。「考えてもいなかったよ、音楽がこんなにすばらしいものだとは。」


（七の一四）

冉有《ぜんゆう》がこう言いました。「衛の国では、先代君主の息子が亡命し、孫が即位したが、その後、息子が帰国しようとしたら、孫が譲位を拒否しているね。うちの先生は、孫の方を支持されるだろうか。」子貢が「よし、私が聞いて来るよ。」と言い、孔子の部屋に入ってこう言いました。「伯夷《はくい》と叔斉《しゅくせい》はどんな人物だったのですか。」孔子は言いました。「昔の賢人だよ。」「彼らは、王位を辞退したことを後悔したでしょうか。」「人間愛を行うことを求めて人間愛を実行できたのだから、何も後悔することはなかっただろうね。」子貢は引き下がって来て、こう言いました。「先生は、王位を父に譲らない孫の方は支持されないよ。」

（七の一五）
孔子はこう言いました。「粗末な食事をして水を飲み、ひじを曲げて枕にする暮らしをしていても、楽しみはその中にあるものだよ。不正な手段で金持になり高い身分になるなど、私にとっては浮き雲のようなものだよ。」

（七の一六）
孔子はこう言いました。「私があと数年たって五十歳になってから易を学べば、大過なく生きて行けるだろうね。」

（七の一七）
孔子が標準語の発音で読んだのは『詩経』と『書経』でした。礼法を行う時もすべて標準語の発音を用いていました。

（七の一八）

楚《そ》の国の地方長官である葉公《しょうこう》が、孔子はどんな人柄なのかを子路に質問しましたが、子路は答えませんでした。孔子はこう言いました。「君はどうしてこう言わなかったのだね。その人柄は、発憤すると食事を忘れ、楽しむと心配事を忘れ、老いが来ようとしているのにも気が付かないのですよ、とね。」

（七の一九）

孔子はこう言いました。「私は、生まれながらにして物事を知っている人間ではないよ。昔の事が好きなので、熱心にそれを探究してきた人間なのだよ。」

（七の二〇）

孔子は、奇怪な話、武勇の話、不道徳な話、神々の話はしませんでした。

（七の二一）

孔子はこう言いました。「三人で行動すれば、必ず自分の先生になる人がいるよ。善い人を選んでその人を見習い、善くない人を見たら自分の欠点を直すことだね。」

（七の二二）

宋の国の軍事長官である桓魋《かんたい》が孔子を殺そうとした時、孔子はこう言いました。「天が私に道徳的人格を与えてくれたのだ。桓魋《かんたい》のような者に、私をどうこうできるものではないね。」

（七の二三）

孔子はこう言いました。「君たちは、私が何か隠しているとでも思っているのかね。私には、君たちに隠していることはないよ。私が行動する時には、君たちと一緒でないことはないよ。私はそういう人間なのだ。」

（七の二四）

孔子は次の四つを教えました。学問と、実践と、誠実さと、信義です。

（七の二五）

孔子はこう言いました。「聖人に私が出会えることはないね。でも、立派な人物に出会えれば十分だよ。」また、こう言いました。「善人に私が出会えることもないね。でも、心を動かさない人に出会えれば十分だよ。無いのに有ると見せかけ、空っぽなのに満ちていると見せかけ、困っているのに余裕があると見せかける世の中で、心を動かさないでいるのは難しいことだからね。」

（七の二六）

孔子は、魚釣りをしましたが、はえなわは使いませんでした。弓矢で鳥を打ちましたが、巣の中にいる鳥を打ったりはしませんでした。

（七の二七）

孔子はこう言いました。「おそらく、よく分かっていないのに創作する人もいるだろうね。私はそんなことはしないよ。多くを聞いて、その中の善いものを選んでそれに従い、多くを見て、それを覚えておけば、知恵を持っている人の次ぐらいにはなれるからね。」

（七の二八）

互郷《ごきょう》という村の人々は、話が通じない感じでした。この村の少年が孔子に会ってもらえたので、弟子たちが変に思っていますと、孔子はこう言いました。「進もうとする者には手助けをするし、退こうとする者には手助けをしないのだよ。どうしてひどく差別するのかね。人が自分を清純にして進もうとする時には、その清純さを支援したいね。その将来のことは保証しないがね。」


（七の二九）

孔子はこう言いました。「人間愛は遠いものではないよ。自分が人間愛を行おうとすれば、そばにやって来るものだよ。」


（七の三〇）

陳《ちん》の国の司法長官が質問しました。「魯《ろ》の国の君主であった昭公《しょうこう》は、礼法を知っていたのですか。」孔子は答えました。「知っていました。」孔子が立ち去ると、司法長官は孔子の弟子である巫馬期《ふばき》に会釈して招き、こう言いました。「私はこう聞いたことがあるよ。立派な人間は身内をかばったりしないとね。しかし、実際には立派な人間でも身内をかばうようだね。昭公は呉《ご》の国から夫人を迎えたが、同姓不婚の慣習に反していたので、姓が自分と同じ姫《き》氏であった夫人を、呉姫子《ごきし》と呼ばないで呉孟子《ごもうし》と呼んでいたよ。昭公が礼法を知っていたとすれば、礼法を知らない人などいるかね。」巫馬期《ふばき》がこのことを伝えますと、孔子はこう言いました。「私は幸せだよ。もし、間違いがあると、人が必ずそれに気付いてくれるからね。」

（七の三一）

孔子は、人と一緒に歌う時、相手が上手だと必ず繰り返して歌ってもらい、その後で自分も合わせて歌いました。

（七の三二）

孔子はこう言いました。「学問なら私にも人並にやれないことはないが、自分自身が立派な人間として行動することが、私にはまだできていないのだ。」

（七の三三）

孔子はこう言いました。「聖人や人間愛を持っている人などには、私はとても及ばないよ。

ただ、人の道を学んでいて嫌になることはないし、人にそれを教えていて飽きることがない、と言えるだけだよ。」子華が言いました。「まさにそのことが、弟子の私たちには真似ができないのです。」

（七の三四）

孔子が重病にかかった時、子路が、病気を治すお祈りをさせてくださいと申し出ました。孔子が「そういう例はあったかね。」と言いますと、子路はこう答えました。「あります。その人の善行を述べて幸せを求める祈願文の中に、『あなたの幸せを天地の神々にお祈りします。』という言葉が入っています。」孔子はこう言いました。「そういう祈りなら、自分でずっと以前からやっているよ。」

（七の三五）

孔子はこう言いました。「ぜいたくな暮らしをしていると威張るようになるし、切り詰めた暮らしをしていると頑固になるね。威張るのよりは、頑固な方がましだな。」

（七の三六）

孔子はこう言いました。「立派な人間は心静かでゆったりとしているが、つまらない人間はいつまでもくよくよしているね。」

（七の三七）

孔子は、温和ですが厳しさもあり、威厳がありますが過激ではなく、慎み深い方ですが気安いお人柄です。

第八編

（八の一）

昔、周の大王《だいおう》が三男を後継者にしたいと思っているのを知って、長男の泰伯《たいはく》は進んで亡命しました。孔子はこう言いました。「泰伯は最高の人格者だと言ってもいいね。三回も王位を継承しない意志を示したが、目立たない方法だったので、人々が知って称賛することもなかったがね。」

（八の二）

孔子はこう言いました。「丁重なのはいいが、礼法に従わないと疲れるよ。慎重なのはいいが、礼法に従わないと消極的になるよ。勇敢なのはいいが、礼法に従わないと乱暴になるよ。率直なのはいいが、礼法に従わないと不人情になるよ。

上に立つ者が、親族に手厚くすれば、人々の間でも人間愛が行われるようになるし、昔の知り合いを忘れなければ、人々も薄情ではなくなるね。」

（八の三）

曾子《そうし》は、重病にかかった時、自分の弟子たちを呼んで、こう言いました。「私の足を見てごらん、私の手を見てごらん。『詩経』に『戦戦兢兢《きょうきょう》気を配るのは、深い淵《ふち》際通るよう、薄い氷を踏むようだ。』とあるように、身体を大切にしてきたのだよ。これからは、もう私もそんな努力をしなくていいのだよね、君たち。」

（八の四）

曾子が重病にかかった時、魯《ろ》の国の家老である孟敬子《もうけいし》が見舞いに来ました。曾子はこう言いました。「鳥が死ぬ時の鳴き声は悲しげであり、人が死ぬ時の言葉は心に響く、と言います。上に立つ者が重んずる道は次の三つですよ。立ち居ふるまいを粗暴にしないこと、穏やかな表情で誠意を示すこと、言葉づかいを下品にしないことです。祭で使う器具の並べ方などは、係の者がいますからね。」

（八の五）

曾子はこう言いました。「才能があるのに、才能のない人にも質問し、学識が豊かなのに、学識の少ない人にも質問する。あってもないように見え、充実していても空虚なように見え、いやな目に会わされても仕返しをしない。昔、私の友人顔回はそうだったよ。」

（八の六）
曽子はこう言いました。「父を失った少年君主の補佐役も任せられるし、一国の政治もゆだねられるし、重大な局面でも信念を奪うことのできない人物こそ、立派な人間だろうね。立派な人間だよ。」

（八の七）
曽子はこう言いました。「教養人は広い心と強い意志を持たなくてはいけないね。その責任は重く、進む道は遠いよ。人間愛を実行するのが自分の任務だから、実に責任が重いではないか。それを死ぬまで止めないのだから、実に道が遠いではないか。」

（八の八）
孔子はこう言いました。「『詩経』によって心を奮い起こし、礼法によって行動の基準を立て、雅楽によって教養を完成させるのだよ。」

（八の九）

孔子はこう言いました。「人々には、政策に従ってもらうことはできるが、その意義を理解してもらうのは難しいね。」


（八の一〇）

孔子はこう言いました。「勇ましいのが好きで貧乏を嫌う人は、暴れ出すものだよ。人間愛を持っていない人を嫌い過ぎると、暴れ出すものだよ。」


（八の一一）

孔子はこう言いました。「もし、周公のようなすばらしい才能を持っていても、おごり高ぶって、しかもけちんぼであれば、ほかのことまで認められなくなるよ。」


（八の一二）

孔子はこう言いました。「三年学んでも、まだ仕官しようとしない人物は、なかなか得られないものだね。」

（八の一三）

孔子はこう言いました。「深く信じて学問を好きになり、命をかけて人の道を向上させることだよ。

危ない国には立ち入らず、乱れている国には住まないことだよ。

中国全土で道徳が行われている時には活躍し、道徳が行われていない時には引きこもることだよ。

国で道徳が行われている時に、貧乏で低い身分でいるのは恥だし、国で道徳が行われていない時に、金持で高い身分になっているのも恥だよ。」


（八の一四）

孔子はこう言いました。「その地位に就いてもいないのに、その仕事におせっかいをするものではないよ。」


（八の一五）

孔子はこう言いました。「魯《ろ》の国の雅楽オーケストラ指揮者であった摯《し》が演奏を始めて、『詩経』にある『みさご』の歌のところまで来ると、ゆったりとした美しい調べが、耳一杯に広がってきたものだよ。」

（八の一六）

孔子はこう言いました。「情熱家のくせに率直さに欠け、無知なくせに真面目さに欠け、無能なくせに誠実さに欠けている、こういう人たちには、私もどうしたらいいか分からないよ。」

（八の一七）

孔子はこう言いました。「学問は、なかなか追いつけないものだし、更に、学んだことを忘れるのではないかと心配になるものだよ。」

（八の一八）

孔子はこう言いました。「堂々としていたね、舜《しゅん》や禹《う》による全国統治のあり方は。しかも、自ら直接には携わっていなかったのだよ。」

（八の一九）

孔子はこう言いました。「偉大だね、堯《ぎょう》の君主としてのあり方は。はるかに高い天だけが偉大な存在で、堯《ぎょう》だけがそれに倣っているのだよ。とても広大で、人々には表現できないほどだったのだ。実に偉大な業績を上げ、輝かしい文化を育てたね。」


（八の二〇）

舜《しゅん》には賢臣が五人いて、全国をしっかりと治めていました。周の武王《ぶおう》は「私には賢臣が十人いる。」と言っています。孔子はこう言いました。「優秀な人材は集めにくいと言うが、その通りだね。堯《ぎょう》や舜《しゅん》の時代以降では、武王の時に人材が多かったが、十人いた賢臣の一人は婦人であり、男は九人だけだよ。武王の父文王《ぶんおう》は、全国土の三分の二を領有していたが、殷《いん》王朝には臣下として服従していたよ。だから、その頃の周では、道徳がとてもよく守られていたと言っていいね。」


（八の二一）

孔子はこう言いました。「禹《う》の欠点を私は見付けられないよ。彼は、食事を質素にして、祖先への孝行である祭を立派に行い、衣服を質素にして、祭の礼服を美しいものにし、住居を質素にして、用水路の建設には全力を尽くしたからね。禹《う》の欠点を私は見付けられないよ。」

第九編

（九の一）

孔子は、利益と天命と人間愛については、めったに話をしませんでした。

（九の二）

達巷《たっこう》という村の人がこう言いました。「偉大な人物だね、孔子は。広い学識を持っているから、一分野だけで有名なのとはわけが違うよ。」孔子はそれを聞いて、弟子たちにこう言いました。「私も何か一分野の専門家になろうかね。御者がいいか、弓術家がいいか、やはり、私は御者の方がいいいな。」

（九の三）

孔子はこう言いました。「麻糸でみっちり編んだ冠を使うのが正しい礼法なのだが、今では略式の絹の冠を使って倹約しているね。しかし、私も皆さんにならうことにするよ。君主にお目通りをする時には、宮殿の下で敬礼をするのが正しい礼法なのだが、今では上にあがって敬礼するので慎みがないね。皆さんとは違うが、私は下で敬礼するよ。」

（九の四）

孔子は、四つのことを絶対にしませんでした。独断をせず、無理押しをせず、頑固な態度を取らず、自分勝手なことはしないのです。

（九の五）

孔子は、衛の国の匡《きょう》という町で武装した住民に囲まれた時、こう言いました。「周の文王は既に世を去ったが、その文化は私が受け継いでいる。もし、天がこの文化を滅ぼすつもりなら、後世の私が受け継ぐこともできなかったはずだ。天がまだこの文化を滅ぼそうとしていないからには、匡《きょう》の人たちが私をどうこうできるものではないね。」

（九の六）

呉《ご》の国の宰相が子貢に質問しました。「孔子は聖人でしょうね。何でもできるから。」子貢はこう言いました。「もちろん天が認めた聖人ですし、何でもできる方です。」それを聞いて、孔子はこう言いました。「宰相は私のことを知っているのだろうか。私の若い時は身分が低くて、つまらない事まで何でもできるようになってしまった。立派な人間なら何でもできるかと言えば、そんなことはないよ。」

（九の七）
孔子の弟子である琴牢《きんろう》はこう言いました。「うちの先生は、『私は仕官できなかったので、何でもできるようになったよ。』と話しておられました。」

（九の八）
孔子はこう言いました。「私は物事を十分に知っているだろうか。知ってはいないね。しかし、無学な人が来て熱心に質問をしたら、私は、彼の知りたい点を隅々までたたくようにして確かめた上で、詳しく教えてあげるよ。」

（九の九）
孔子はこう言いました。「名君が現れる時のお告げと言われる鳳凰《ほうおう》も飛んで来ないし、黄河から占いの図面を背負った竜馬《りょうば》も出て来ないね。私にはどうしようもないよ。」

（九の一〇）

孔子は、親が亡くなった時に用いる喪服を着た人や、冠と大礼服を着用した人や、盲目の人に出会った時、その姿を見ると、若い人であっても必ず起立し、その人のそばを通る時には、必ず作法通りに小走りに進みました。

（九の一一）

顔回は、ため息まじりにこう言いました。「うちの先生は、仰ぎ見るたびに、ますます高くなりますし、切り込もうとするたびに、ますます堅くなります。よく見ようとしても、目の前に現れたり、急に後ろの方に現れたりします。しかし、先生は順序よく上手に人を導いてくださいます。私にも、学問によって知識を広くしてくださり、礼法によって生活を引き締めてくださいました。私はもう止めることができません。自分の力は全部出し切ってしまいました。先生ははるか高い所にそびえ立っています。そこまで近寄ろうと思っても、どうすればいいのか、見当もつきません。」

（九の一二）

孔子が重病にかかった時、子路が、弟子たちを孔子の家臣に仕立てて、葬儀に備えようとしました。病気が軽くなった時、孔子はこう言いました。「昔からそうだが、子路はまた作りごとをするのかね。今の私には家臣はいないのに、いるように見せかければ、私がだれかをだますことになるよ。天をだますのかね。それに、私は、そんな家臣の手の中で死ぬよりも、むしろ、弟子の君たちの手の中で死にたいよ。それに、私がたとえ盛大な葬儀をしてもらえなくても、私が道路でのたれ死にすることもないだろうからね。」

（九の一三）

子貢が言いました。「ここに美しい玉があるとします。箱に入れてこれをしまって置きますか。良い買い手を探してこれを売りますか。」孔子はこう言いました。「これは売りたいよ。これは売りたいよ。私は買い手を待っているのだよ。」

（九の一四）

孔子が、東方の異民族の国に移住したいと希望しました。ある人が言いました。「そういう国は文化水準が低いですが、どうなさいますか。」孔子はこう言いました。『立派な人たちが移住すれば、どうして文化水準が低いと言えるかね。」

（九の一五）

孔子はこう言いました。「私が衛の国から魯《ろ》の国に帰ってから、雅楽は正しく演奏されるようになり、宮廷の歌曲である『雅《が》』も、君主の祖先祭の歌曲である『頌《しょう》』も、それぞれ正しく位置付けられたのだよ。」


（九の一六）

孔子はこう言いました。「出勤した時には、位の高い人たちによく仕え、家にいる時には、父や兄によく仕える。葬儀の時にはできる限りのことをする。酒を飲んでも乱れたりしない。こんな事以外に、私には何ができるのかな。」


（九の一七）

孔子は、川のほとりに立って、こう言いました。「過ぎ去るものは、この川の流れと同じだね。昼も夜も止まることはないのだ。」


（九の一八）

孔子はこう言いました。「私は、色恋が好きなのと同じくらいに道徳が好きだという人を、まだ見たことがないね。」

（九の一九）
孔子はこう言いました。「例えば、築山を造る時、あと一かごを盛らないで止めてしまうのは、自分にやる気がないからだよ。また、土地を平らにする時、まず一かごを空けて地ならしを始めるのは、自分にやる気があるからだよ。」

（九の二〇）
孔子はこう言いました。「私が話したことを怠らないで実行するのは、まず顔回だね。」

（九の二一）
孔子は、顔回をしのんで、こう言いました。「惜しいことだ。私は、彼が進むのは見たが、止まるのを見たことはなかったね。」

（九の二二）
孔子はこう言いました。「苗のままで穂が出ない者もいるし、穂が出ても実らない者がいるね。」

（九の二三）

孔子はこう言いました。「若者には恐るべき可能性があるよ。どうして将来の人々が現在の我々に及ばないなどと分かるだろうか。ただし、四十歳や五十歳になっても名声が聞こえてこないようでは、もう恐れるほどのことはないがね。」

（九の二四）

孔子はこう言いました。「筋の通った言葉には、従わずにはいられないが、肝心なのは改めることだよ。優しい言葉には、嬉しくならずにはいられないが、肝心なのは意味を考えることだよ。嬉しくなるだけで意味を考えず、従う気になっただけで改めないのでは、私にはどうしようもないね。」

（九の二五）

孔子はこう言いました。「誠意と信義を重んじて、自分より劣る者を友人にしない方がいいね。過ちを改めるのにためらってはいけないよ。」

（九の二六）

孔子はこう言いました。「大軍勢からその総大将を奪うことはできるが、一人の人間からその志を奪うことはできないね。」


（九の二七）

孔子はこう言いました。「破れた綿入れ上着を着て、狐《きつね》やむじなの毛皮を着た人と並んで立っても恥ずかしいと思わないのは、まあ子路だろうね。」


（九の二八）

『詩経』には、「害を与えず求めなければ、良くないことは何も起きない。」とあります。子路がいつでもこの一節を口ずさんでいますと、孔子はこう言いました。「そのやり方だけで良いというわけではないよ。」


（九の二九）

孔子はこう言いました。「寒い季節になると、松やひのきが葉を落とさないでいることが分かってくるね。」

（九の三〇）

孔子はこう言いました。「知恵のある人は迷わないね。人間愛のある人は心配しないね。勇気のある人は恐れないね。」

（九の三一）

孔子はこう言いました。「一緒に学ぶことができても、一緒に正しい道へ進んで行けるとは限らないね。一緒に正しい道へ進んで行けても、一緒に正しい生き方を確立できるとは限らないね。一緒に正しい生き方を確立できても、一緒に臨機応変の対応ができるとは限らないね。」

（九の三二）

昔からの歌の文句に、「庭桜、花がゆらゆら揺れている。あなたを思わぬ日はないけれど、遠くに住んでて会えないよ。」とあります。この歌詞を見て、孔子はこう言いました。「これでは、まだ本当に愛しているとは言えないね。何で遠いなどと言っていられるのかね。」

第一〇編

（一〇の一）

孔子は、郷里では控え目にしていて、口がきけない人のようでした。君主の祖先廟《びょう》や朝廷では、てきぱきと発言しましたが、慎重な態度でした。

（一〇の二）

朝廷で、下役の上級家臣と話す時は楽しそうで、上役の上級家臣と話す時はしっかりとした口調でした。主君の前ではうやうやしくしていましたが、ゆとりのある様子でした。

（一〇の三）

主君から呼び出されて、賓客の接待役を命じられると、表情を引きしめて、早足で歩きました。一緒に並んでいる人々にあいさつをする時、組んだ両手を左右に向けると、衣服の前後がきれいに揺れました。小走りに進むと、両そでが広がって鳥の翼のようでした。賓客が帰った後で、必ず、「お客様が振り返らなくなるまで、お見送りをしました。」と報告しました。

（一〇の四）

宮廷の門を入る時は、身をかがめて、入りにくそうな様子でした。門の中央には立たず、歩く時に敷居を踏みませんでした。君主のお立ち台のそばを通る時は、緊張した表情で早足で進みました。言葉づかいは無口な人のようでした。すそを持ち上げて宮殿の階段を上がる時には、身をかがめ、息を殺して呼吸していないかのようでした。退出する時、階段を一段降りると表情が和らぎ、ほっとした様子でした。階段を降りて早足で進むと、両そでが広がって鳥の翼のようでした。またお立ち台のそばを通る時には、慎み深くしていました。

（一〇の五）

国使となって、主君から預かった玉の圭《けい》をささげ持つ時には、身をかがめて、圭《けい》の重さに耐えられないかのようでした。ささげる高さは、上げても敬礼をする時ぐらい、下げても人に物を授ける時ぐらいでした。表情は緊張してぴりぴりしていました。歩き方は歩幅の小さい擦り足でした。自国の君主からの贈物をさし上げる儀式では、和やかな表情になり、私的な謁見の時には、楽しそうな様子でした。

（一〇の六）

孔子は、紺色や赤茶色を衣服の縁《ふち》飾りには使いませんでした。紅色や紫色をふだん着には使いませんでした。暑い季節には葛《くず》布のひとえ物を着ますが、必ず外出の時には上着をはおりました。黒い衣服には小羊の黒い毛皮、白い衣服には子鹿の白い毛皮、黄色い衣服には狐《きつね》の黄色い毛皮を下に着込みました。ふだん着の毛皮服は、丈を長くして、右そでを短くしました。必ずねまきを着ましたが、その丈は身長の一・五倍でした。狐《きつね》やむじなの厚い毛皮を敷物にして坐りました。喪に服している時以外には、どんなアクセサリーも身に付けました。礼服以外は、必ず腰回りのひだ布を縫い込みました。小羊の黒い毛皮と黒い冠は、お悔やみに行く時には使いませんでした。毎月一日には、必ず朝廷用の礼服を着て、朝廷に行きました。

（一〇の七）

お清めの時には、必ず清潔な麻のゆかたを着ました。お清めの時には、必ずふだんとは違う食事をとり、寝起きするのもふだんとは違う場所にしました。

（一〇の八）

御飯は精白してあるのが好きでした。なますは細かく切ってあるのが好きでした。御飯のすえて味が変わったのや、魚の痛んだのや、肉の腐ったのは食べませんでした。色の悪くなったものも食べませんでした。においの悪くなったものも食べませんでした。煮加減の良くないものも食べませんでした。季節はずれのものも食べませんでした。切り方の正しくないものも食べませんでした。ソースが添えてないものも食べませんでした。肉は沢山食べましたが、御飯の量より多くはありませんでした。ただ、お酒は幾ら飲んでも乱れることはありませんでした。市販のお酒や市販の干し肉は口にしませんでした。しょうがは捨てないで食べましたが、沢山は食べませんでした。主君が行なった祭の時に配られた肉は、その日のうちに食べました。自宅の祭で供えた肉は、三日以内に食べ、三日を過ぎたら食べませんでした。食事の時には話をしませんでした。寝る時にも話をしませんでした。粗末な御飯や野菜スープや瓜《うり》でも、まず食器のそばに少しお供えをしましたが、その時はうやうやしい態度でした。

（一〇の九）

座席が正しく整えられていないと、座りませんでした。

（一〇の一〇）

郷里の人たちと酒を飲んだ時には、つえを突く老人が退席してから、自分も席を立ちました。郷里の人たちが鬼やらいで回って来る時には、朝廷用の礼服を着て、祖先廟《びょう》の東階段に立っていました。

（一〇の一一）

他国にいる人を訪問させる時には、使者に二回敬礼をして見送りました。

季康子《きこうし》が薬を贈ってきた時には、敬礼して受け取り、使者にこう言いました。「私にはこの薬の効能がよく分かっていませんので、この場ではなめないことにします。」

（一〇の一二）

馬小屋が火事になりました。孔子は朝廷から帰って来て、「人にけがはなかったかね。」と言いましたが、馬のことは聞きませんでした。

（一〇の一三）

主君が食物を下さると、必ず席に正しく座って、まず一口味わいました。主君が生肉を下さると、必ず煮てから祖先に供えました。主君が生きた家畜を下さると、必ず飼育しました。

主君と一緒に食事をする時には、主君がまず一つまみのお供えを置いている間に、毒見のため、先に食べました。

病気の時に、主君が見舞いに訪れる時には、東枕で横になり、ふとんの上には朝廷用の礼服を掛け、帯を伸ばして載せました。

主君からの命令で呼ばれた時には、馬車の用意ができるのを待っていないで、歩き出しました。

（一〇の一四）

主君の始祖を祭ってある大廟《びょう》に入って、祭礼の手伝いをする時には、礼法について一つ一つ質問しました。

（一〇の一五）

友人が死んで、引き取る人がいない時には、「私の家にお棺を安置しましょう。」と言いました。

友人からの贈物があった時には、車や馬のように高価なものでも、祭で供えた肉以外は、受け取る時に拝礼をしませんでした。

（一〇の一六）

寝る時には、死人のような格好はしませんでした。家にいる時には、体裁を作りませんでした。

親が亡くなった時に用いる喪服を着た人に出会うと、気安い間柄であっても、必ず厳粛な面持になりました。冠を付けた人や、盲目の人に出会うと、親しい相手でも、必ず丁重な態度をとりました。車に乗っている時は、喪服を着た人には車の横木に手を当てて敬礼し、戸籍簿を背負った人にも車の横木に手を当てて敬礼しました。

立派なごちそうを出された時には、必ず改まった表情で立ち上がりました。

雷が鳴ったり、烈風が吹いた時には、必ず居ずまいを改めました。

（一〇の一七）

車に乗る時は、必ず姿勢正しく立って、車の垂れひもを握って乗り込みました。車の中では、あちこち振り向いたり、声高にしゃべったり、指差したりしませんでした。

（一〇の一八）

きじは様子を見て飛び上がり、旋回してから、また降りて来ます。孔子はこう言いました。「山あいの橋のあたりにいる雌きじは、頃合いをよく見ているね。頃合いをよく見ているね。」子路がえさを投げると、きじは三回においをかいで飛び去りました。

第一一編

（一一の一）

孔子はこう言いました。「昔の人たちが礼法や雅楽を行うと野人風だし、今の人たちが礼法や雅楽を行うと紳士風だね。しかし、もし私がそれを行うとしたら、昔の人たちに従うよ。」

（一一の二）

孔子はこう言いました。「私に従って陳《ちん》の国や蔡《さい》の国に行った者は、みんな門下にはいなくなったね。」それは、道徳的実践に優れていた顔回・閔《びん》子《し》騫《けん》・伯牛・仲弓、弁論に優れていた宰我・子貢、政治的手腕の優れていた冉有《ぜんゆう》・子路、学識に優れていた子《し》游《ゆう》・子夏などです。

（一一の三）

孔子はこう言いました。「顔回は私を助けてくれるタイプではないよ。私が何を言っても、喜ばないことはないからね。」

（一一の四）

孔子はこう言いました。「親孝行だね、閔子騫《びんしけん》は。父母や兄弟が彼のことを褒めても、それをけなす人はいないよ。」

（一一の五）

南容は、『詩経』にある「白玉の傷は磨けば消えるけど、言葉の傷は消せないよ。」という一節を、何度も口ずさんでいました。孔子は、兄の娘と彼を結婚させました。

（一一の六）

季康子が質問しました。「弟子たちの中でだれが学問好きですか。」孔子はこう答えました。「顔回という者がいました。学問が好きでしたが、不幸なことに、短命で死んでしまいました。今はもういません。」

（一一の七）

顔回が死にました。父親の顔路《がんろ》が、孔子の馬車を譲り受けて売った代金で、お棺の外箱を用意させてほしいと申し出ました。孔子はこう言いました。「子供に才能があってもなくても、我が子のことは言いたいものです。私の息子の伯魚《はくぎょ》が死んだ時にも、お棺だけで外箱はありませんでした。私は、外出を徒歩にしてまで、外箱を作ろうとはしなかったのです。私も上級家臣の末席にいて、徒歩で外出するわけにはいかないからです。」

（一一の八）

顔回が死にました。孔子はこう言いました。「ああ、天は私を滅ぼした。天は私を滅ぼした。」

（一一の九）

顔回が死にました。孔子は大声を出し、身を震わせて泣きました。お供の者が「先生、大声で泣いておられましたね。」と言いますと、孔子はこう言いました。「大声で泣いたかね。彼のために大声で泣かないで、だれのためにそうするのかね。」

（一一の一〇）

顔回が死にました。門人たちは立派な葬儀をしようと計画しました。孔子が「それは止めてくれ。」と言いましたが、門人たちは立派な葬儀を行いました。孔子はこう言いました。「顔回は私を父親のように慕ってくれたのに、私は、息子の時と同じようにしてやれなかった。しかし、これは私の本意ではないよ。あの門人たちがやってしまったのだよ。」

（一一の一一）

子路が、死者の霊や神々への奉仕の仕方を質問しますと、孔子はこう言いました。「まだ、生きている人たちへの奉仕もできないのに、どうして神霊への奉仕ができるかね。」子路が「あえて伺いますが、死とはどういうものですか。」と質問しますと、孔子はこう言いました。「まだ、生が分からないのに、どうして死が分かるかね。」

（一一の一二）

閔子騫《びんしけん》は、孔子のそばで慎み深く、子路は勇ましそうに、冉有《ぜんゆう》と子貢はにこやかにしていました。孔子は楽しそうでしたが、ふと、こう言いました。「子路みたいな性分だと、普通の死に方はできないかもしれないね。」

（一一の一三）

魯《ろ》の人々は、君主の武器を入れる長府《ちょうふ》という大きな倉庫を増築しました。閔子騫《びんしけん》がこう言いました。「今までの倉庫で良かったのに。何も必ずしも増築することはなかったよ。」孔子はこう言いました。「彼は、ふだん無口だが、何か言うと必ずポイントを突いているね。」


（一一の一四）

孔子はこう言いました。「子路の琴の弾き方は、どうも私の門下生らしくないね。」門人たちが子路に敬意を示さなくなりました。孔子はこう言いました。「子路の学問・修養は、もう表座敷に上がっているくらいのレベルにはなっているよ。まだ奥座敷には入っていないというだけだよ。」


（一一の一五）

子貢が質問しました。「子張と子夏とでは、どちらが優れていますか。」孔子はこう言いました。「子張はやり過ぎるし、子夏はもの足りないね。」子貢が「では、子張の方が優れているのですね。」と言いますと、孔子はこう言いました。「やり過ぎるのは、もの足りないのと同じようなものだよ。」

（一一の一六）

季氏は、魯《ろ》の国の始祖である周公よりも多くの富を持っていました。それなのに、その家臣となっていた冉有《ぜんゆう》は、季氏のために税を厳しく取り立てて、その富を増やしていました。孔子はこう言いました。「冉有《ぜんゆう》は我々の仲間ではないね。君たちは、太鼓を鳴らして、彼を攻撃していいからね。」

（一一の一七）

孔子はこう言いました。「子羔《しこう》は頭が悪いし、曽参《そうしん》は動作がのろいし、子張は不誠実だし、子路はがさつだね。」

（一一の一八）

孔子はこう言いました。「顔回の学問・修養は理想に近いが、米びつがしばしば空っぽになるね。子貢は、天命を受けなくても、金もうけが上手だし、予想したことがしばしば当たるね。」

（一一の一九）

子張が、善人が行う人の道について質問しますと、孔子はこう言いました。「先人の教えに従わなければ、奥座敷に入るような高いレベルには達しないよ。」

（一一の二〇）

孔子はこう言いました。「発言の内容が良いというだけでは、立派な人間なのか、表面を飾っている人間なのかは、分からないね。」

（一一の二一）

子路が質問しました。「善いことだと聞いたら、すぐ実行した方がいいですか。」孔子はこう言いました。「父親や兄がいるではないか。どうして、聞いたことをすぐ実行するのかね。」冉有《ぜんゆう》が質問しました。「善いことだと聞いたら、すぐ実行した方がいいですか。」孔子はこう言いました。「そう聞いたら、すぐに実行するものだよ。」子華が質問しました。「子路が、善いことだと聞いたら、すぐ実行した方がいいのかを質問した時、先生は、父親や兄がいるではないか、と言われました。冉有《ぜんゆう》が、善いことだと聞いたら、すぐ実行した方がいいのかを質問した時、先生は、そう聞いたらすぐに実行しなさい、と言われました。

私は戸惑ってしまいます。あえて、どういうことなのかお伺いします。」孔子はこう言いました。「冉有《ぜんゆう》は消極的だから、奨励したのだよ。子路は人の分までやる方だから、ブレーキをかけたのだよ。」

（一一の二二）

孔子たちが、衛の国の匡《きょう》という町で、武装した住民に囲まれた時、顔回が後から到着しました。孔子が「私は、君が死んだのかと思ったよ。」と言いますと、顔回はこう言いました。「先生が御無事なのに、私がどうして死ねるでしょうか。」

（一一の二三）

季氏一族の季子然《きしぜん》が質問しました。「私たちに仕えている子路と冉有《ぜんゆう》は、大臣と言える人物でしょうね。」孔子はこう言いました。「私は、あなたが違う質問をなさるかと思いましたが、子路と冉有《ぜんゆう》のことをお尋ねですか。大臣といわれるほどの人物は、道徳を重んじて主君に仕え、それがうまく行かなければ辞職するものです。今の子路と冉有《ぜんゆう》は、頭数だけの家臣と言った方がいいですね。」季子然が言いました。「では、彼らは主人の命令に忠実な家臣なのですね。」孔子はこう言いました。「父親や君主を殺せという命令には、従いませんよ。」

（一一の二四）

季氏に仕えていた子路が、弟弟子の子羔《しこう》を費《ひ》という町の代官に推挙しました。孔子はこう言いました。「荷が重くて、あの若者を損なってしまうよ。」子路が言いました。「治める住民もいますし、祭りをする神々の社もあります。何も、必ずしも本を読むことだけが学問ではないと思います。」孔子は言いました。「こうだから、あの口達者な人間は嫌いだね。」

（一一の二五）

子路、曽皙《そうせき》、冉有《ぜんゆう》、子華が孔子のそばに座っていました。孔子はこう言いました。「私は君たちより少し年上だが、遠慮することはないよ。我々はよく言うよね、自分が認められないと。もし、君たちを認めてくれる人がいたら、どんな仕事をしたいのかね。」子路が早速答えました。「兵車千台を持つ諸侯の国が、大国の間に挟まれ、その上戦争が起こり、そのために飢きんにもなった時、私が政治を行えば、三年ほどで、人々に勇気を持たせ、また正しい生き方が分かるようにしてみせます。」孔子は、それを聞いて笑ってから、言いました。「冉有《ぜんゆう》、君はどうだね。」冉有《ぜんゆう》が答えました。「六、七十里四方か五、六十里四方の地域で、私が政治を行えば、三年ほどで、人々の生活を安定させることができます。礼法や雅楽は立派な人物に任せます。」「子華、君はどうだね。」子華が答えました。「それがよくできるというのではなくて、学びたいと願っていることですが、君主の祖先祭や各国君主の会合の時に、礼服を着て冠をかぶり、補佐官の下役を勤めたいのです。」「曽晳《そうせき》、君はどうだね。」曽晳《そうせき》は、琴を弾いていたのを止めて、コトリと琴を置き、立ち上がって答えました。「三人が考えている事とは違うのですが。」孔子が言いました。「何も気にすることはないよ。それぞれの志を話すだけだからね。」曽晳《そうせき》はこう言いました。「春の終りには、もう春着もでき上がりますから、若者五、六人と子供たち六、七人を連れて、沂水《きすい》で水遊びをしたり、雨ごいをする台で風に当たったりしてから、歌でも歌いながら帰って来たいですね。」孔子は、ため息をつき、感嘆して言いました。「私は曽晳《そうせき》の考えに賛成だね。」三人が退席すると、曽晳《そうせき》が後に残って、言いました。「あの三人の話はいかがでしたか。」孔子は言いました。「それぞれの志を言っただけだよ。」「先生は、どうして子路のことを笑われたのですか。」「国の政治を行うには礼法が大切なのに、彼の言葉には謙虚さがなかったね。だから笑ったのだよ。」「冉有《ぜんゆう》も、国の政治を志しているのではありませんか。」「やはり、

六、七十里四方か五、六十里四方の地域なら、国でないことはないね。」「子華も、国の政治を志しているのではありませんか。」「君主の祖先祭や各国君主の会合が、諸侯の政治でなくて何なのかね。しかし、子華が補佐官の下役をやるとすると、補佐官の上役はだれがやれるのかな。」

第一二編

（一二の一）

顔回が、人間愛とはどういうものですかと質問しますと、孔子はこう言いました。「自分に打ち勝って、礼法に立ち返るのが人間愛だよ。一日でも、自分に打ち勝って、礼法に立ち返れば、全国の人々も、やがて人間愛に心を寄せるようになるね。人間愛は自分が行うものだから、他人を当てにしてはいけないよ。」顔回が言いました。「どうぞ、それを行う要点を教えてください。」孔子はこう言いました。「礼法に反する事を見てはいけないよ。礼法に反する事を聞いてはいけないよ。礼法に反する事を言ってはいけないよ。礼法に反する事を行なってはいけないよ。」顔回は言いました。「私は愚か者ですが、そのお言葉を実践したいと思います。」

（一二の二）

仲弓が、人間愛とはどういうものですかと質問しますと、孔子はこう言いました。「門の外に出たら、だれにでも、大切なお客様と同じように丁寧に接し、人々を使う時には、大きな祭を行うのと同じように慎重にする、ということだよ。自分が望まない事を、他人に仕向けてはいけないよ。そうすれば、諸侯に仕えても恨まれないし、家にいても恨まれないからね。」仲弓は言いました。「私は愚か者ですが、そのお言葉を実践したいと思います。」

（一二の三）

弟子の司馬牛《しばぎゅう》が、人間愛とはどういうものですかと質問しますと、孔子はこう答えました。「人間愛を持っている人は、発言が控え目だよ。」司馬牛が言いました。「発言が控え目であれば、それだけで人間愛と言えるのですか。」孔子はこう言いました。「言った事を実行するのは難しいよ。だから、発言は控え目にせずにはいられないのだよ。」

（一二の四）

司馬牛が、立派な人間とはどんな人ですかと質問しますと、孔子はこう言いました。「立派な人間は、心配をしないし、恐れないね。」司馬牛が言いました。「心配をせず、恐れなければ、それだけで立派な人間と言えるのですか。」孔子はこう答えました。「自分を反省して、やましい点がなければ、何を心配し、何を恐れるのかね。」

（一二の五）

兄である桓魋《かんたい》の悪行に悩む司馬牛が、悲しんで言いました。「人にはみな兄弟がいるのに、私だけはいないのと同じです。」兄弟子の子夏がこう言いました。「私はこう聞いたことがあるよ。『生死も天命によるし、財産や地位も天命による。』とね。立派な人間が、慎み深くて失敗をせず、人には丁寧に接して礼法を守れば、世界中の人々はみな兄弟になるよ。立派な人間は、どうして兄弟のいないことを気に病んだりするだろうか。」

（一二の六）

子張が、賢明さとはどういうものですかと質問しますと、孔子はこう言いました。「じわじわとしみ込んでくる中傷や、肌を突き刺すような訴えに動かされなければ、賢明であると言えるね。じわじわとしみ込んでくる中傷や、肌を突き刺すような訴えに動かされなければ、遠くまで見抜く力を持っていると言えるよ。」

（一二の七）

子貢が、政治はどのように行うのですかと質問しますと、孔子はこう言いました。「食料を十分にし、軍備を十分にし、人々から信頼を得ることだよ。」子貢が言いました。「どうしても止むを得ず捨てるとしたら、この三つの内のどれを先にしますか。」孔子は言いました。「軍備を捨てるね。」子貢が言いました。「どうしても止むを得ず更に捨てるとしたら、残る二つの内のどちらを先にしますか。」孔子は言いました。「食料を捨てるね。昔から人間はみな死ぬことになっているが、人々からの信頼を失ったら、政治は成り立っていかないよ。」

（一二の八）

衛の国の上級家臣である棘子成《きょくしせい》が言いました。「立派な人間は、実質だけが大切であって、教養で飾る必要はないよ。」子貢はこう言いました。「残念だね、立派な人間についての彼の意見は。四頭立ての馬車でも、口から出た言葉には追い付かないよ。教養は実質のようなもので、実質は教養のようなものだよ。虎や豹《ひょう》の毛皮も、毛を抜いてなめし皮にしたら、犬や羊のなめし皮と似たようなものだからね。」

（一二の九）

哀公が有子に質問しました。「今年は凶作で経費が足りないが、どうしたらいいかね。」

有子が言いました。「どうして一割の税になさらないのですか。」哀公が言いました。「二割の税でも足りないのに、どうして一割の税にできるかね。」有子はこう答えました。「人々が満足して暮らしている時に、殿様はどなたと御一緒に不満足になるのですか。人々が不満足に暮らしている時に、殿様はどなたと御一緒に満足なさるのですか。」

（一二の一〇）

子張が、道徳心を高め、迷いをはっきりさせる方法について質問しました。孔子はこう言いました。「真心と信義を大切にして、正義を行おうとすれば、道徳心を高めることができるよ。愛している時には生きていてほしいと思い、憎むようになると死んでしまえと思うことがあるね。以前には生を望んだのに、今度は死を望む。それが迷いだよ。」

（一二の一一）

斉の国の君主である景公《けいこう》が、政治の行い方について孔子に質問しますと、孔子はこう答えました。「君主は君主らしく、家臣は家臣らしく、父親は父親らしく、子供は子供らしくすることです。」景公が言いました。「善い言葉だね。確かに、もし、君主が君主らしくなく、家臣が家臣らしくなく、父親が父親らしくなく、子供が子供らしくなかったら、食料があっても、私はどうして食べていられるだろうか。」

（一二の一二）

孔子はこう言いました。「たった一言だけで訴訟の判決を下せるのは、まず子路だろうね。」

子路は、引き受けたことはすぐに実行しました。

（一二の一三）

孔子はこう言いました。「訴訟を聞いて判決を下すのは、私にも人並にはできるが、何とかして訴訟のない世の中にしたいね。」

（一二の一四）

子張が、政治の行い方について質問しますと、孔子はこう答えました。「その地位にいることに飽きてはいけないよ。その職務を行う時には真心をこめて行うことだよ。」

（一二の一五）

孔子はこう言いました。「広く学芸を学んで、それを整えるために礼法を実行すれば、人の道に背かない生き方ができるだろうね。」

（一二の一六）

孔子はこう言いました。「立派な人間は、他人の長所が発揮されるように、短所が表れないようにと配慮するものだが、つまらない人間は、これとは逆のことをするね。」

（一二の一七）

季康子が、政治の行い方について質問しますと、孔子はこう答えました。「政という字は正しいという意味です。あなたが率先して正しい行いをすれば、だれもあえて不正を行なったりしませんよ。」

（一二の一八）

季康子が、泥棒が多いのを心配して、その対策について質問しますと、孔子はこう答えました。「もし、あなた御自身が無欲であれば、賞を出すと言っても、人の物を盗んだりしなくなりますよ。」

（一二の一九）

季康子が、政治について孔子に質問して、こう言いました。「悪人を殺して、道徳を守る人をお手本にしてはどうでしょうか。」孔子はこう答えました。「あなたは、政治を行うのに、どうして殺したりするのですか。あなたが善を望めば、人々も善くなります。上に立つ者の道徳心は風のようなものですし、人々の道徳心は草のようなものです。草は、風が吹けば必ずなびくものです。」

（一二の二〇）

子張が質問しました。「教養人はどのようであれば達人と言えますか。」孔子は言いました。「どんな意味だね。君の言う達人とは。」子張が答えました。「諸侯に仕えても必ず評判が高くなり、家にいても必ず評判が高くなる人です。」孔子はこう言いました。「それは有名人であって、達人ではないよ。達人というのは、まっすぐな気性で正義感が強く、人の言葉をよく考え、人の様子をよく見て、思慮深く、謙虚だね。だから、諸侯に仕えても必ず行き届いた仕事ができるし、家にいても必ず行き届いた行いができるのだよ。有名人というのは、上辺は人間愛があるように見えるが、行動は違っていて、しかも、本人はそのことに疑問を持たないのだ。諸侯に仕えても必ず評判が高くなり、家にいても必ず評判が高くはなるがね。」

（一二の二一）

樊遅《はんち》が、孔子のお供をして雨ごいをする台の近くを散歩していた時、こう言いました。「あえてお伺いします。道徳心を高め、悪い心を除き、迷いをはっきりさせるには、どうすればいいのですか。」孔子はこう言いました。「良い質問だね。仕事を先にして利益を後回しにするのが、道徳心を高めることではないかね。自分の欠点を反省して、他人の欠点をとがめないのが、悪い心を除くことではないかね。一時の腹立ちまぎれに自分の立場を忘れて、近親にまで迷惑をかけるのが迷いではないかね。」

（一二の二二）

樊遅《はんち》が、人間愛とはどういうものですかと質問しますと、孔子は言いました。「人を愛することだよ。」また、知恵とはどういうものですかと質問しますと、孔子は言いました。「人を知ることだよ。」樊遅《はんち》が飲み込めないでいると、孔子はこう言いました。「まっすぐな人物を選んで、曲がっている者の上司にすれば、曲がっている者を正すことができるよ。」樊遅《はんち》は引き下がり、兄弟子の子夏に会って言いました。「さっき、先生にお会いして、知恵とはどういうものかを質問しますと、まっすぐな人物を選んで、曲がっている者の上司にすれば、曲がっている者を正すことができる、と教えられました。どんな意味ですか。」子夏は、こう言いました。「含蓄のあるお言葉だよ。舜《しゅん》が全国を治めた時、大勢の中から皐陶《こうよう》を選んで司法長官に任命したら、悪い連中は遠ざかったし、殷《いん》の湯王《とうおう》が全国を治めた時、大勢の中から伊尹《いいん》を選んで宰相に任命したら、悪い連中は遠ざかったのだよ。」

（一二の二三）
子貢が、友人との交際の仕方を質問しますと、孔子はこう答えました。「忠告して善い方向へと導いてあげることだね。しかし、耳を貸さなければ止めることだよ。自分が恥をかくことはないからね。」

（一二の二四）
曽子《そうし》がこう言いました。「立派な人間は、学芸を通して友人と集い、友人を通して人間愛を育てるのだよ。」

第一三編

（一三の一）

子路が、政治の行い方について質問しますと、孔子はこう言いました。「人々の先頭に立って、人々をいたわることだね。」更に教えを請いますと、孔子は言いました。「飽きてはいけないよ。」

（一三の二）

仲弓が季氏の領地の代官になった時、政治の行い方について質問しますと、孔子はこう言いました。「まず人事を行うのだよ。小さなミスは許して、賢明な人材を用いることだね。」仲弓が言いました。「どのようにして賢明な人材を見付けて用いるのですか。」孔子はこう言いました。「君が知っている範囲で用いればいいのだよ。君が知らない分も、人々が捨ててはおかないからね。」

（一三の三）

子路が言いました。「衛の国の君主が先生を迎えて、政治をなさることになったら、先生は何から先に実行されますか。」孔子はこう言いました。「必ず、大義名分を正すね。」子路が言いました。「これだからなぁ。先生のお考えは遠回りではないでしょうか。どうして、大義名分を正さなくてはいけないのですか。」孔子はこう言いました。「不作法だね、君は。立派な人間は、よく分かっていないことについては、黙っているものだよ。大義名分が正しくなければ、発言に筋が通らなくなるよ。発言に筋が通らなくなれば、物事が成り立たなくなるよ。物事が成り立たなくなれば、礼法や雅楽も盛んにはならないよ。礼法や雅楽が盛んにならなければ、刑罰も公正には行われなくなるよ。刑罰が公正に行われなければ、人々は手足を伸ばして暮らせなくなるよ。だから、上に立つ者は、大義名分について必ず発言しなくてはいけないし、発言したら必ず実行しなくてはいけないね。上に立つ者は、自分の発言を、どんなことがあっても、いい加減にはしないものだよ。」

（一三の四）

樊遅《はんち》が、穀物の栽培法を学びたいと申し出ますと、孔子はこう言いました。「私はベテランの農民のようには知らないよ。」樊遅《はんち》が、野菜の栽培法を学びたいと申し出ますと、孔子はこう言いました。「私はベテランの園芸家のようには知らないよ。」樊遅《はんち》が引き下がると、孔子はこう言いました。「考えの浅い人間だな、樊遅《はんち》は。上に立つ者が礼法を好めば、人々があえて敬意を払わないことはないよ。上に立つ者が正義を好めば、人々があえて従わないことはないよ。上に立つ者が信義を好めば、人々があえて真心を表さないことはないよ。そうなれば、周辺諸国から、人々が子供を背負って移住して来るね。何も、自分が農業に従事する必要はないのだよ。」

（一三の五）
孔子はこう言いました。「『詩経』の詩三百編を暗唱できても、政務を担当させたら腕を振るえないし、周辺諸国に使節として出向いても一人で対処しきれないというのでは、多くの知識が何の役にも立たないことになるね。」

（一三の六）
孔子はこう言いました。「上に立つ者自身が正しければ、人々は命令しなくても実行するが、上に立つ者自身が正しくなければ、人々は命令しても従わないよ。」

（一三の七）

孔子はこう言いました。「魯《ろ》の国と衛の国の開祖は兄弟だが、今の両国の政治情勢も、兄弟のように似ているね。」

（一三の八）

孔子は、衛の国の王族である荊《けい》について、こう言いました。「彼は家の財産管理が上手だね。最初に蓄えができた時には、『どうにか間に合うね。』と言い、少し財産が増えてきた時には、『どうにか十分になったね。』と言い、富裕な財産家になった時には、『どうにか立派になったね。』と言っていたよ。」

（一三の九）

孔子が衛の国へ行った時、冉有《ぜんゆう》が御者をしていました。孔子は言いました。「人口が多いね。」冉有《ぜんゆう》が言いました。「人口が多くなったら、どうすればいいのですか。」「豊かにするのだよ。」「豊かになったら、どうすればいいのですか。」「教育することだよ。」

（一三の一〇）

孔子はこう言いました。「もし、私を任用してくれる人がいたら、一年だけでもうまくやれるし、三年あれば立派に仕上げて見せるよ。」

（一三の一一）

孔子はこう言いました。「ただの善人でも、百年も国を治めれば、悪人に打ち勝って死刑をなくすことができると言われるが、本当だよ、その言葉は。」

（一三の一二）

孔子はこう言いました。「もし、偉大な君主が現れて、三十年ぐらい治めたならば、やっと人々の間に人間愛が行われるようになるのだろうね。」

（一三の一三）

孔子はこう言いました。「どんな事があっても、自分自身を正しくすれば、政治を行うのに何も問題はないよ。自分自身を正しくすることができなければ、どうやって人を正しくすることができるのかね。」

（一三の一四）

冉有《ぜんゆう》が朝廷から帰って来ますと、孔子が言いました。「どうして遅くなったのかね。」冉《ぜん》有《ゆう》が「政務がありまして。」と答えますと、孔子はこう言いました。「それは政務ではなくて、季氏の仕事だろう。もし、政務であれば、今は役職についていない私の所にも、情報が入ってくるはずだよ。」

（一三の一五）

定公が質問しました。「一言で、国を盛んにする言葉はあるかね。」孔子はこう答えました。「言葉には、そういう事は期待できませんが、それに近いものはあります。人の言葉に『君主であることは難しいし、家臣であることも楽ではない。』とあります。もし、君主であることの難しさが分かっていらっしゃるとすれば、この一言は国を盛んにする言葉に近いのではないでしょうか。」定公が言いました。「一言で、国を滅ぼす言葉はあるかね。」孔子はこう答えました。「言葉には、そういうことは期待できませんが、それに近いものはあります。人の言葉に『私は君主であることが楽しいのではなくて、私の発言に逆らう者がいないのが楽しい。』とあります。もし、君主が善い発言をなさって、逆らう者がいないのなら結構ですが、もし、君主が善くない発言をなさって、逆らうものがいなければ、この一言が国を滅ぼす言葉に近いのではないでしょうか。」

（一三の一六）

楚《そ》の国の地方長官である葉公《しょうこう》が、政治の行い方について質問しますと、孔子はこう答えました。「近くの人々が喜び、遠くの人々が引越して来るように行うのですよ。」

（一三の一七）

子夏が、魯《ろ》の国の莒父《きょほ》という町の代官になった時、政治の行い方について質問しますと、孔子はこう答えました。「急ごうとしてはいけないよ。小さな利益にとらわれてはいけないよ。急ごうとすると、仕事を完遂できなくなるし、小さな利益にとらわれると、大事業ができなくなるからね。」

（一三の一八）

葉公《しょうこう》が孔子に言いました。「私の村に正直な躬《きゅう》という者がいて、自分の父親が羊を盗んだら、そのことを証言しましたよ。」孔子はこう言いました。「私の村の正直者はそうではありませんね。父親は子供のために隠しますし、子供は父親のために隠します。正直さはその中にあるのですよ。」

（一三の一九）

樊遅《はんち》が、人間愛とはどういうものですかと質問しますと、孔子はこう答えました。「家にいる時は慎み深く、仕事は丁寧に行い、人との交際では真心を尽くすことだよ。異民族の国に行っても、そういう態度を捨ててはいけないよ。」

（一三の二〇）

子貢が質問しました。「どのようであれば教養人と言えますか。」孔子はこう言いました。「自分の行いに恥を知り、周辺諸国に使者として出向いても、主君の命令通りの任務を果たすことができれば、教養人と言えるね。」「あえてその次をお伺いします。」「親族から親孝行と言われ、郷里の人々から年長者に従順だと言われる人間だね。」「あえてその次をお伺いします。」「言う事がいつも信用できて、取り組んだ事を必ず成し遂げるようであれば、頭の固いつまらない人間でも、まあ、その次とすることができるね。」「今の政治家はどうですか。」「いやはや、器量が小さくて、問題にならないよ。」

（一三の二一）

孔子はこう言いました。「中道を行く人を見つけて一緒にやれない時には、きっと、熱狂的な人か意地っぱりの人を選ぶよ。熱狂的な人には進取の気風があるし、意地っぱりの人は悪いことをしないからね。」

（一三の二二）

孔子はこう言いました。「南方の人の言葉に、『人間として定まった心を持っていなくては、祈とう師も医者も治せない。』とあるがいい言葉だね。」『易経《えききょう》』には、「道徳心が定まっていないと、辱めを受けることになる。」という言葉があります。孔子はこう言いました。「そんなことは、占うまでもないよ。」

（一三の二三）

孔子はこう言いました。「立派な人間は、調和しようとはするが、付和雷同はしないね。つまらない人間は、付和雷同はするが、調和しようとはしないね。」

（一三の二四）

子貢が質問しました。「郷里の人たちみんなに好かれるようになれば、良いのでしょうか。」孔子は言いました。「まだ、良いとは言えないね。」「では、郷里の人たちみんなに憎まれるぐらいの方が、良いのでしょうか。」「まだ、良いとは言えないね。郷里の善い人たちからは好かれて、善くない人たちからは憎まれるのには及ばないね。」

（一三の二五）

孔子はこう言いました。「立派な人物は、仕えやすいが、喜ばせにくいね。喜ばせる時には、道徳にかなっていないと喜ばないが、人を使う時には、その人の能力・適性に合わせるからね。つまらない人物は、仕えにくいが、喜ばせやすいね。喜ばせる時には、道徳にかなっていなくても喜ぶが、人を使う時には、どんなことでもやらせようとするからね。」

（一三の二六）

孔子はこう言いました。「立派な人間は、ゆったりとしていて、威張らないね。つまらない人間は、威張っていて、ゆったりとはしていないね。」

（一三の二七）

孔子はこう言いました。「強い意志と決断力とを持ち、飾り気がなくて、口数が少なければ、人間愛を持っている人間に近いね。」

（一三の二八）

子路が質問しました。「どのようであれば、教養人と言えますか。」孔子はこう言いました。「心から励まし合い、和やかに優しくすれば、教養人と言えるね。友人とは心から励まし合い、兄弟には和やかに優しくするのだよ。」

（一三の二九）

孔子はこう言いました。「ただの善人でも、人々を七年間も教育すれば、戦争に行かせることはできるね。」

（一三の三〇）

孔子はこう言いました。「教育をしていない人々を動員して戦争をするのは、彼らを捨てることだと言っていいね。」

第一四編

（一四の一）

原憲が、恥とはどういうものですかと質問しますと、孔子はこう答えました。「その国で道徳が行われている時に、官職に就いて俸給をもらうのは良いが、その国で道徳が行われていない時に、官職に就いて俸給をもらうのは恥だよ。」

（一四の二）

原憲が言いました。「勝ちたがったり、自慢したり、恨んだり、欲張ったりしないのが、人間愛なのでしょうね。」孔子はこう言いました。「そうなるのは難しいことだが、人間愛であるかどうかは、私には分からないね。」

（一四の三）

孔子はこう言いました。「教養人が、安楽な生活に心を奪われるようになったら、教養人としては失格だよ。」

（一四の四）

孔子はこう言いました。「国で道徳が行われている時には、厳しく発言して、厳しく行動することだね。国で道徳が行われていない時には、厳しく行動しても、発言は控え目にすることだよ。」

（一四の五）

孔子はこう言いました。「道徳が身に付いている人は必ず善い発言をするが、善い発言をする人は必ずしも道徳が身に付いているわけではないね。人間愛を持っている人には必ず勇気があるが、勇気のある人が必ずしも人間愛を持っているわけではないね。」

（一四の六）

南宮适《なんきゅうかつ》が孔子に質問しました。「昔の英雄羿《げい》は弓の名手で、奡《ごう》は舟を動かす怪力の持主でしたが、二人とも殺されました。しかし、夏《か》を建てた禹《う》や周の先祖である稷《しょく》は、自ら農耕を行ない、やがて全国を治めるまでになったのですね。」孔子は答えませんでしたが、南宮适《なんきゅうかつ》が去った後でこう言いました。「立派な人間だな、彼は。道徳を重んずる人間だな、彼は。」

（一四の七）

孔子はこう言いました。「立派な人間でも、人間愛を持っていないことがあるかもしれないね。しかし、つまらない人間が人間愛を持っていることは、今までになかったね。」

（一四の八）

孔子はこう言いました。「その人を愛していれば、いたわらずにはいられないね。真心を尽くそうとすれば、忠告せずにはいられないね。」

（一四の九）

孔子はこう言いました。「鄭《てい》の国で外交文書を作る時には、家老の卑《ひ》諶《じん》が起草し、家老の世叔《せいしゅく》がそれを検討し、外交官の子羽《しう》がそれを添削し、東里《とうり》に住んでいた宰相の子産《しさん》がそれに修飾を加えたのだよ。」

（一四の一〇）

ある人が、鄭《てい》の国の宰相である子産《しさん》について質問しますと、孔子は「恵み深い人ですよ。」

と言いました。楚《そ》の国の宰相である子西《しせい》について質問しますと、孔子は「あの人ですか、あの人ね。」と言っただけでした。斉の国の宰相であった管仲《かんちゅう》について質問しますと、孔子はこう言いました。「彼は、上級家臣の伯《はく》氏から、駢《べん》という三百戸の村を没収しましたが、伯氏は、粗末な食事をするようになっても、死ぬまで管仲への恨み言を言いませんでしたね。」

（一四の一一）
孔子はこう言いました。「貧乏で恨まないのは難しいが、裕福で威張らないのは易しいね。」

（一四の一二）
孔子はこう言いました。「魯《ろ》の国の上級家臣である孟公綽《もうこうしゃく》は、晋《しん》の国の名家である趙《ちょう》や魏《ぎ》の家老なら、立派に勤まるね。しかし、小独立国である滕《とう》の国や薛《せつ》の国の宰相としては、勤まらないね。」

（一四の一三）
子路が、完成した人間とはどういう人ですかと質問しますと、孔子はこう答えました。

「魯《ろ》の国の上級家臣たちである、臧武仲《ぞうぶちゅう》の知恵と、孟公綽《もうこうしゃく》の無欲と、卞荘子《べんそうし》の勇気を持ち、弟子の冉有《ぜんゆう》のように多才で、その上に礼法と雅楽とを身に付ければ、完成した人間と言えるね。」更に、こう言いました。「今時の完成した人間は、何も必ずしもそこまでいかなくてもいいよ。利益を目の前にしたら、正義にかなうものかどうかを考え、危機を目の前にしたら、捨て身で対処し、昔の約束を、ふだん使う言葉のように忘れなければ、完成した人間と言っていいね。」

（一四の一四）

孔子は、衛の国の上級家臣である公叔文子《こうしゅくぶんし》について、同じ国の公明賈《こうめいか》という人に、こう質問しました。「本当ですか。あの方が、無口だし、笑わないし、贈物を受け取らないというのは。」公明賈《こうめいか》はこう答えました。「それは伝えた人間の間違いです。あの方は、言うべき時にだけ言いますから、だれもその言葉を嫌がらないのです。楽しい時にだけ笑いますから、だれも笑うのを嫌がらないのです。正義にかなう贈物だけを受け取りますから、だれも受け取るのを嫌がらないのです。」孔子は言いました。「そうだったのですか。しかし、本当にそうなのかな。」

（一四の一五）

孔子はこう言いました。「臧武仲《ぞうぶちゅう》は、内紛で亡命する時、領地であった防《ぼう》の町の支配権を身内が継承することを、魯《ろ》の君主に求めたね。それが君主への強要ではないと言っているが、私は信じないね。」

（一四の一六）

孔子はこう言いました。「諸侯のリーダーのうち、晋《しん》の文公《ぶんこう》は謀略を用いて正攻法を用いなかったが、斉の桓公《かんこう》は正攻法を用いて謀略を用いなかったね。」

（一四の一七）

子路はこう言いました。「斉の国の桓公《かんこう》が、かつて相続争いで異母兄の糾《きゅう》を殺した時、その側近のうち、召忽《しょうこつ》は殉死したのに、管仲《かんちゅう》は殉死しませんでした。管仲は人間愛を持っていなかったのでしょうね。」孔子はこう言いました。「桓公《かんこう》が諸侯の会合を開いて、武力を使わなかったのは、宰相であった管仲の手腕によるのだよ。この人間愛に及ぶ者はいないね。この人間愛に及ぶ者はいないね。」

（一四の一八）

子貢はこう言いました。「管仲は人間愛を持っている人物ではなかったのですね。桓公《かんこう》が異母兄の糾《きゅう》を殺した時、殉死できなかっただけでなく桓公《かんこう》に仕えて助けています。」孔子はこう言いました。「管仲は桓公《かんこう》を助けて諸侯のリーダーに押し上げ、全国の秩序を整えたのだよ。人々は今でもその恩恵を受けているね。管仲がいなかったら、我々は異民族に支配されて、髪を乱し、衣服を左前に着るようになっていただろうね。どうして、愚かな男女が、小さな義理のためにどぶ川で首をくくって死んで、だれにも知られないのと、同じに扱えるのかね。」

（一四の一九）

公叔文子《こうしゅくぶんし》に仕える上級家臣であった僎《せん》は、公叔文子《こうしゅくぶんし》の推挙によって、同格である君主直属の家臣に昇進しました。孔子はそれを聞いて、こう言いました。「公叔文子《こうしゅくぶんし》に『文』という立派な贈り名が付けられたのも当然だね。」

（一四の二〇）

孔子が、衛の国の君主である霊公《れいこう》は反道徳的だと言いますと、季康子が言いました。「それなのに、どうして地位を失わないのですか。」孔子はこう言いました。「公文子《こうぶんし》が賓客の接待を担当し、祝鮀《しゅくだ》が君主の祖先廟《びょう》を担当し、王孫賈《おうそんか》が軍事を担当しています。こういう体制であれば、どうして地位を失うでしょうか。」

（一四の二一）

孔子はこう言いました。「自分の言葉を恥じることのない人間が、言った通りに実行するのは難しいよ。」

（一四の二二）

斉の国で、家老の陳成子《ちんせいし》が君主の簡公《かんこう》を殺しました。孔子は、水を浴びて身を清め、朝廷に出向いて、哀公にこう進言しました。「陳成子が君主を殺しました。討伐されてはいかがでしょうか。」哀公は言いました。「三人の家老に言いなさい。」孔子は、「私も上級家臣の末席にいるからには、あえて進言しないではいられなかったが、殿様は三人の家老に話せとしか言われなかった。」といいながら、三人の家老の所へ行って同じ進言をしましたが、受け入れられませんでした。孔子はこう言いました。「私も上級家臣の末席にいるからには、あえて進言しないではいられなかったのだがね。」

（一四の二三）

子路が、主君への仕え方について質問しますと、孔子はこう言いました。「欺いてはいけないよ。そして、率直にいさめることだよ。」

（一四の二四）

孔子はこう言いました。「立派な人間は、レベルの高い事柄によく通じているし、つまらない人間は、レベルの低い事柄によく通じているね。」

（一四の二五）

孔子はこう言いました。「昔は、学問をする人の目的は自分を高めるためだったが、今では、学問をする人の目的は、人に評価してもらうためなのだね。」

（一四の二六）

衛の国の上級家臣である蘧伯玉《きょはくぎょく》が、使者を孔子の所に送って来ました。孔子は彼を席に着かせて、質問しました。「あの方はどうなさっていますか。」使者はこう答えました。「あの方は、御自分の過ちを少なくしようと望んでいますが、まだ、そうなってはいません。」

使者が帰った後で、孔子はこう言いました。「立派な使者だな。立派な使者だな。」

（一四の二七）
孔子はこう言いました。「その地位に就いてもいないのに、その仕事におせっかいをするものではないよ。」

（一四の二八）
曽子《そうし》はこう言いました。「立派な人間が考えるのは、自分の職務のことだけだよ。」

（一四の二九）
孔子はこう言いました。「立派な人間は、自分の言っていることが実行していることより大げさなのを、恥じるものだよ。」

（一四の三〇）
孔子はこう言いました。「立派な人間としての道は三つあるよ。私にはできないがね。人間愛のある人は心配しないし、知恵のある人は迷わないし、勇気のある人は恐れないよ。」

子貢が言いました。「先生御自身のことを言っておられるのです。」

（一四の三一）
子貢は人を比べては批評していました。孔子はこう言いました。「子貢は頭が良いよ。私にはそんな暇はないがね。」

（一四の三二）
孔子はこう言いました。「他人が自分を認めてくれないのを気にかけるより、自分に能力が無いことを気にかけるものだよ。」

（一四の三三）
孔子はこう言いました。「だまされないかと気を回したり、疑われないかと心配したりはしないが、それでいて素早く気が付くというのは、賢いことだね。」

（一四の三四）
隠者の微生畝《びせいほ》が孔子にこう言いました。「孔子よ、どうしてそんなに動き回っているのだね。言葉巧みに取り入ろうというのかね。」孔子はこう答えました。「別に、言葉巧みに取り入ろうなどとはしていませんよ。かたくなな生き方をするのは、いやですからね。」

（一四の三五）
孔子はこう言いました。「名馬は走る能力が褒められるのではなくて、品性が褒められるのだよ。」

（一四の三六）
ある人が言いました。「恩恵で恨みのある人に報いてはどうでしょうか。」孔子はこう言いました。「すると、恩恵を受けた人には、どうやって報いるのですか。率直さで恨みのある人に報い、恩恵で恩恵のある人に報いるものですよ。」

（一四の三七）
孔子はこう言いました。「私を理解してくれる人はいないね。」子貢が言いました。「どう考えても、先生を理解する人がいないとは思えません。」孔子はこう言いました。「天を恨んだりはしないし、人をとがめたりもしないよ。身近な事から学び始めて、レベルの高い学問へと進んできたが、そういう私を理解してくれるのは、やはり天なのかな。」

（一四の三八）

弟子とも言われる公伯寮《こうはくりょう》が、魯《ろ》の国の家老である季孫《きそん》氏に、その家臣となっていた子路のことを悪く言いました。上級家臣の子服景伯《しふくけいはく》が、そのことを伝えてこう言いました。「あの方はすっかり公伯寮に惑わされているようです。私の力でこの男を処刑して、広場でさらし者にすることもできますよ。」孔子はこう言いました。「道徳が行われるようになるのも天命ですし、道徳が廃れるようになるのも天命です。公伯寮には天命をどうこうすることはできませんよ。」

（一四の三九）

孔子はこう言いました。「賢い人間は、乱れた世の中を避けるね。次に、乱れた地域を避けるね。次に、君主の嫌な態度を避けるね。次に、君主の嫌な言葉を避けるね。それを実行した人が七人いるよ。」

（一四の四〇）

子路が、石門という宿場に泊まり、翌朝城門を通りますと、門番が言いました。「どちらからおいでですか。」子路が「孔子の所からですよ。」と言いますと、門番はこう言いました。「実現しないのを承知の上で努力しているあの方ですね。」

（一四の四一）

孔子が、衛の国にいた時、磬《けい》という石製の打楽器を弾いていますと、かごを背負った人が、孔子の住まいの門前を通りかかって、こう言いました。「心がこもっているな、この磬《けい》の弾き方は。」しばらくしてから、こう言いました。「いやしい感じがするな。かたくなな感じもするな。自分を分かってもらえないのなら、もう止めた方がいいよ。『詩経』にも『川が深けりゃ着物を脱ぐし、川が浅けりゃすそまくり。』とあるではないか。」孔子はこう言いました。「そんなに簡単に片づけられるのなら、苦労はないよ。」

（一四の四二）

子張が言いました。「『書経』には、殷《いん》の君主であった高宗《こうそう》が、喪に服した三年間は発言しなかったと記されていますが、どういうわけですか。」孔子はこう言いました。「何も必ずしも高宗だけのことではなくて、昔の君主は皆そうだったのだ。先代君主が亡くなると、家臣はみな自分の職務すべてについて、三年間は宰相からの指示を受けたのだよ。」

（一四の四三）

孔子はこう言いました。「上に立つ者が礼法を重んずれば、人々もそれにならうから、使いやすくなるね。」

（一四の四四）

子路が、立派な人間とはどういう人ですかと質問しますと、孔子はこう言いました。「自己修養に励んで、慎しみ深い人だね。」子路が言いました。「それだけですか。」孔子はこう言いました。「自己修養に励んで、他人を安心させる人だね。」子路が言いました。「それだけですか。」孔子はこう言いました。「自己修養に励んで、すべての人を安心させる人だね。堯《ぎょう》や舜《しゅん》でも、そうするのに苦労したのだよ。」

（一四の四五）

原壌《げんじょう》という男が、うずくまって待っていました。孔子はこう言いました。「お前は、幼い時から素直ではなかったし、大人になっても褒められるような事はしないし、老いても死なずにいる。これでは人生を盗んでいるようなものではないか。」孔子は、つえで彼のすねをたたきました。

（一四の四六）

闕《けつ》という村から来た少年が、お客を取り次ぐ仕事をしていました。ある人が質問しました。「よく修養している子なのですか。」孔子はこう答えました。「私は、彼が大人の席に座っているのを見ましたし、大人と肩を並べて歩いているのも見ました。修養に熱心であるというのではなくて、速成で大人並みになりたい子ですよ。」

第一五編

（一五の一）

衛の霊公が、軍隊の配置の仕方を孔子に質問しました。孔子はこう答えました。「お供えの器具の並べ方なら、以前から聞いていますが、軍隊の並べ方は、まだ学んでいません。」翌日、孔子は立ち去りました。

（一五の二）

孔子の一行は陳の国で食料が尽き、従者たちは弱って立ち上がれないほどでした。子路がいら立って、孔子の所に来て言いました。「立派な人間でも、困り果てることがあるのですか。」孔子はこう言いました。「立派な人間だって、もちろん困り果てることはあるよ。つまらない人間だと、困り果てた時にすぐ取り乱したりするがね。」

（一五の三）

孔子はこう言いました。「子貢よ、君は、私が博学多識だとでも思っているのかね。」子貢が答えました。「そうです。間違っていますか。」孔子はこう言いました。「間違っているね。私は、ただ一つのことを貫こうとしているだけだよ。」

（一五の四）

孔子はこう言いました。「子路よ、道徳のことが分かっている人間は少ないね。」

（一五の五）

孔子はこう言いました。「何もしないで善い政治を行なったのは、舜《しゅん》だろうね。彼が何をしたかと言えば、自らを慎み深くして、正しく南を向いて座っていただけだよ。」

（一五の六）

子張が、指示したことが行われるにはどうすればいいかを質問しますと、孔子はこう言いました。「発言に誠意があって信頼され、行いが丁寧で慎み深ければ、異民族の国でも行われるよ。発言に誠意がなくて信頼されず、行いが丁寧ではなくて、慎み深くなければ、地元の地域でも行われないよ。誠意・信頼・丁寧・慎しみという文字が、立っている時は目の前にちらつき、車に乗っている時は前の横木に現れて来るぐらいになれば、行われるようになるね。」子張は、その文字を大帯に書き入れました。

（一五の七）

孔子はこう言いました。「衛の国の上級家臣である史魚《しぎょ》は一本気だね。国で道徳が行われている時にも、矢のように行動するし、国で道徳が行われていない時にも、矢のように行動するよ。彼の同僚である蘧伯玉《きょはくぎょく》は立派な人物だね。国で道徳が行われている時には、仕えるけれども、国で道徳が行われていない時には、布を巻いて懐に入れるように、身を引いているよ。」

（一五の八）

孔子はこう言いました。「話をした方がいい人と話をしないと、その人との縁を失うよ。話をしない方がいい人と話をすると、言葉を無駄にするよ。知恵のある人は、人との縁を失うこともないし、言葉を無駄にすることもないね。」

（一五の九）

孔子はこう言いました。「志を抱いた人や、人間愛を持っている人は、命が惜しくて人間愛に背いたりはしないよ。命を捨てても人間愛を成し遂げるね。」

（一五の一〇）

子貢が、人間愛を行うにはどうすればいいのかを質問しますと、孔子はこう答えました。「職人が良い仕事をしようとすれば、必ず、まず道具をよく研ぐものだよ。それと同じように、ある国にいる時には、そこの上級家臣で賢明な人に仕え、そこの教養人で人間愛を持っている人と友人になることだよ。」

（一五の一一）

顔回が、どのように国を治めればいいのかを質問しますと、孔子はこう言いました。「夏《か》の暦を使い、殷《いん》の車に乗り、周の冠をかぶり、雅楽は舜《しゅん》の時代に作られた『韶《しょう》』の舞曲を演奏することだよ。鄭《てい》の国の歌謡曲は追放し、口先の巧みな人間は遠ざけることだよ。鄭《てい》の国の歌謡曲は低俗だし、口先の巧みな人間は危険だからね。」

（一五の一二）

孔子はこう言いました。「人は、遠い事まで配慮しておかないと、必ず近い事で困るようになるよ。」

（一五の一三）

孔子はこう言いました。「どうしようもないな。私は、色恋が好きなのと同じ位に道徳が好きだという人を、まだ見たことがないよ。」

（一五の一四）

孔子はこう言いました。「魯《ろ》の国の宰相であった臧文仲《ぞうぶんちゅう》は、地位を盗んでいるような人間だね。柳下恵《りゅうかけい》が賢明な人物であることを知っていながら、推挙して一緒に朝廷に立とうとしなかったからね。」

（一五の一五）

孔子はこう言いました。「自分を責めるのを厳しくして、他人を責めるのを軽くすれば、恨まれないよ。」

（一五の一六）

孔子はこう言いました。「どうしたらいいか、どうしたらいいか、と言わないような人には、私も、どうしたらいいか分からないよ。」


（一五の一七）

孔子はこう言いました。「大勢で一日中集まっていても、話題が正義の問題へと及ぶこともなく、小利口に振舞っているだけでは、どうにもならないよ。」


（一五の一八）

孔子はこう言いました。「立派な人間は、正義こそ重要だと考え、礼法でそれを実行し、謙虚な態度でそれを示し、誠実さでそれを完成させるね。それが立派な人間だよ。」


（一五の一九）

孔子はこう言いました。「立派な人間は、自分に才能がないことは気にするが、他人が自分を認めてくれないことは気にしないよ。」

（一五の二〇）

孔子はこう言いました。「立派な人間は、生涯を終えてから自分の名がたたえられないのを、残念に思うね。」


（一五の二一）

孔子はこう言いました。「立派な人間は何事も自分に求めるが、つまらない人間は何事も他人に求めるね。」


（一五の二二）

孔子はこう言いました。「立派な人間は、プライドは持っているが、他人とは争わないよ。大勢の人々と親しくするが、徒党を組んだりはしないよ。」


（一五の二三）

孔子はこう言いました。「立派な人間は、良い発言をするというだけでは、その人を推挙しないし、人柄が良くないというだけでは、その発言を退けないよ。」

（一五の二四）

子貢が質問しました。「一言で、生涯行うのにふさわしい言葉はありますか。」孔子はこう言いました。「それは、思いやりだろうね。自分が望まないことは、他人にも仕向けないことだよ。」

（一五の二五）

孔子はこう言いました。「私は、人に対して、だれかをけなしたり、だれかを褒めたりしたくないね。もし、褒めたい人がいても、よく確かめてからにするよ。今の人々も、夏《か》・殷《いん》・周の三代を通して、正しい道を実行してきた人々と同じだからね。」

（一五の二六）

孔子はこう言いました。「私も見たことがあるが、昔は、記録官は真相不明の事柄については空白のままにしていたよ。馬の持主は他人に馬を貸して乗ってもらっていたよ。今は、もうそういうことがなくなったね。」

（一五の二七）

孔子はこう言いました。「口先が巧みだと道徳を乱すことになるよ。小さな事柄に我慢できないと、大きな事業を妨げることになるよ。」

（一五の二八）

孔子はこう言いました。「多くの人たちから憎まれている人間についても、必ず、よく調べてみることだね。多くの人たちから好かれている人間についても、必ず、よく調べてみることだね。」

（一五の二九）

孔子はこう言いました。「人が道徳を広めて行くことができるのであって、道徳が自然に人の間に広まるわけではないよ。」

（一五の三〇）

孔子はこう言いました。「過ちがあったのに改めない、これを過ちと言うのだよ。」

たが、成果はなかったよ。学問をするのには及ばないね。」

（一五の三一）

孔子はこう言いました。「私は以前、一日中何も食べず、一晩中一睡もしないで考え続けたが、成果はなかったよ。学問をするのには及ばないね。」

（一五の三二）

孔子はこう言いました。「立派な人間は、道徳のことは考えるが、食べ物のことは考えないね。農耕生活をしていても飢えることがあるが、学問を身に付ければ俸給を手にすることができるよ。立派な人間は、道徳のことを心配するが、貧乏なことは心配しないよ。」

（一五の三三）

孔子はこう言いました。「人々のことをよく知っていても、人間愛で彼らを守れないと、人々の心をつかんでも、必ず失うことになるよ。人々のことをよく知っていて、人間愛で彼らを守れても、威厳を持って臨まないと、人々は敬服しないよ。人々のことをよく知っていて、人間愛で彼らを守れて、威厳を持って臨んでも、彼らを動かす時に礼法に従わなくては、最善とは言えないね。」

（一五の三四）

孔子はこう言いました。「立派な人間は、小さい仕事には不向きだが、大きい仕事ならまかせられるね。つまらない人間は、大きい仕事には不向きだが、小さい仕事ならまかせられるね。」


（一五の三五）

孔子はこう言いました。「人々にとって、人間愛は水や火よりも大切だよ。私は、水や火に踏み込んで死んだ人は見たことがあるが、人間愛に踏み込んで死んだ人は見たことがないね。」


（一五の三六）

孔子はこう言いました。「人間愛を行う時には、先生にも遠慮しなくていいからね。」


（一五の三七）

孔子はこう言いました。「立派な人間は、正義は守り抜くが、小さな義理立てにはこだわらないよ。」

（一五の三八）

孔子はこう言いました。「主君に仕えたら、職務を大切にして、俸給のことなど後回しにすることだよ。」


（一五の三九）

孔子はこう言いました。「教育によって違っては来るが、もともと人間には種類の違いはないのだよ。」


（一五の四〇）

孔子はこう言いました。「進む道が違う時には、お互いに相談しないことだね。」


（一五の四一）

孔子はこう言いました。「言葉は、意味がはっきり伝わりさえすればいいのだよ。」


（一五の四二）

盲目の音楽家である冕《べん》が訪ねてきました。彼が階段の近くに来ますと、孔子は「ここに階段がありますよ。」と言い、席の近くに来ますと、孔子は「ここが席ですよ。」と言いました。皆が席につくと、孔子は「だれそれはここにいますし、だれそれはそこにいますよ。」と言いました。音楽家の冕《べん》が帰ると、子張が質問しました。「目の不自由な音楽家には、あのように教えてあげるのですね。」孔子はこう言いました。「そうだよ。目の不自由な音楽家には、あのように助けてあげるものだよ。」

第一六編

（一六の一）

季氏が顓臾《せんゆ》という小国を攻めようとしました。季氏に仕えていた冉有《ぜんゆう》と子路が孔子の所に来て言いました。「季氏が顓臾《せんゆ》の国に事を起こそうとしています。」孔子はこう言いました。「冉有《ぜんゆう》よ、君は間違っていないかね。顓臾《せんゆ》は、昔、魯《ろ》の君主が東蒙山《とうもうさん》の神を祭る主祭に任命した、魯《ろ》の領域内にある直属家臣の国だよ。どうしてあの国を攻めるのかね。」冉有《ぜんゆう》が答えました。「あの方が望んでいるのです。私たちは二人とも望んでいません。」孔子はこう言いました。「冉有《ぜんゆう》よ、昔の賢人である周任《しゅうにん》はこう言っているよ。『自分の職務には全力を尽くすが、うまく行かなければ辞任する。』とね。主君が危ない時に支え、転びそうな時に助けなくては、どうして補佐役が勤まるかね。それに、君の言うことは間違っているよ。虎や野牛がおりの中から逃げ出したり、亀甲や宝玉が箱の中で壊れたりした時は、管理係以外のだれの過失なのかね。」冉有《ぜんゆう》が言いました。「顓臾《せんゆ》は軍備が強固で、季氏の領地である費《ひ》の町にも近く、今占領しておかないと、後世必ず季氏の子孫にとって心配の種になるでしょう。」孔子はこう言いました。「冉有《ぜんゆう》よ、立派な人間は、これが欲しいと言わないで、必ずもっともらしい理屈を付けるのを、憎むものだよ。私はこういう言葉を聞いたことがある。『国を治め、家を治める者は、少ないことを心配するのではなくて、公平でないことを心配し、貧しいことを心配するのではなくて、不安定なことを心配する。』とね。つまり、公平であれば貧しいことはないし、仲良くすれば少ないことはないし、安定していれば傾き衰えることもないのだよ。こういうわけだから、遠くの人々が従わなければ、文化や道徳を充実させて、近付いて来るようにするし、近付いて来たら、安心させれば良いのだよ。今、子路と冉有《ぜんゆう》はあの方を補佐しているが、遠くの人々が従わないのに近付かせることができず、国が分裂するのを防ぐこともできないではないか。その上、内戦を起こそうと企てているね。私が恐れるのは、季氏が心配する問題は顓臾《せんゆ》ではなくて、むしろ塀の内側にあるということだよ。」

（一六の二）

孔子はこう言いました。「全国で道徳が行われていれば、礼楽や戦争の命令は天子が出すね。全国で道徳が行われていないと、礼楽や戦争の命令を諸侯が出すね。諸侯が命令を出しても、恐らく、十代目で権力を失わないことはまれだよ。上級家臣が命令を出しても、五代目で権力を失わないことはまれだよ。上級家臣の部下が国の命令権を握っても、三代目で権力を失わないことはまれだよ。全国で道徳が行われていれば、人々が政治を批判しなくても済むのだがね。」

（一六の三）

孔子はこう言いました。「魯《ろ》の国では、君主が任命権を失ってから五代目になったね。政権が上級家臣の手に移ってから四代目になったね。だから、昔の君主桓公《かんこう》の次男・三男・四男から始まった家老御三家の子孫も、勢力が衰えてきたのだよ。」

（一六の四）

孔子はこう言いました。「プラスになる友人には三種類あるし、マイナスになる友人にも三種類あるね。率直な人を友人にし、誠実な人を友人にし、博学な人を友人にすれば、プラスになるよ。へつらう人を友人にし、うわべだけ良く見せる人を友人にし、口先だけ達者な人を友人にすれば、マイナスになるよ。」

（一六の五）

孔子はこう言いました。「プラスになる楽しみには三種類あるし、マイナスになる楽しみにも三種類あるね。礼法や雅楽を節度を守って行うことを楽しみ、人の善行を語り聞かせることを楽しみ、賢い友人を大勢持つことを楽しむのは、プラスになるよ。わがまま勝手をすることを楽しみ、怠けて遊ぶことを楽しみ、宴会で浮かれることを楽しむのは、マイナスになるよ。」

（一六の六）

孔子はこう言いました。「立派な人物のそばにいる時、してはいけない事が三つあるね。話しかけられないのにしゃべるのは、軽はずみだよ。話しかけられたのに黙っているのは、隠すことだよ。相手の表情も見ないでしゃべるのは、目の見えない人と同じだよ。」

（一六の七）

孔子はこう言いました。「立派な人間には三つの戒めがあるよ。若い時は血気がまだ定まらないから、色恋に気をつけることだね。壮年期になると血気が真っ盛りになるから、争いをしないように気を付けることだね。老年期になると血気はもう衰えて来るが、強欲にならないように気を付けることだね。」

（一六の八）

孔子はこう言いました。「立派な人間は、三つのものに敬意を払うよ。天命に敬意を払い、大人物に敬意を払い、聖人の言葉に敬意を払うね。つまらない人間は、天命を知らないから敬意を払わないし、大人物にはなれなれしくするし、聖人の言葉を馬鹿にするね。」

（一六の九）

孔子はこう言いました。「生まれながらにして物事を知っている人は、最高だね。学んでからそれを知る人は、その次だね。困ってからそれを学ぶ人は、またその次だね。困っても学ぼうとしない人は、人々に最低だと言われるよ。」

（一六の一〇）

孔子はこう言いました。「立派な人間は、九つの事を考えるね。何かを見る時には、はっきり見極めようと考えるよ。何かを聞く時には、賢く聞き分けようと考えるよ。顔つきは穏やかにしようと考えるよ。態度は慎み深くしようと考えるよ。発言には真心を込めようと考えるよ。行動は慎重にしようと考えるよ。疑惑は問いただそうと考えるよ。怒る時には悪い結果にならないようにと考えるよ。利益を目の前にしたら正当なものかどうかを考えるよ。」

（一六の一一）

孔子はこう言いました。「善い行いを見たら、追いつけないかなと思っても見習うし、善くない行いを見たら、熱湯に手を入れた時のように素早く引っ込むことだね。私は、そういう人を見てきたし、そういう言葉も聞いたよ。世間から引きこもっていても、自分の志は追求し、正義を行なって自分の生き方を達成することだね。私は、そういう言葉は聞いたが、そういう人はまだ見たことがないよ。」

（一六の一二）

孔子はこう言いました。「斉の国の景公《けいこう》は四千頭の馬を持っていたが、彼が死んだ時、その人徳をたたえる人はいなかったね。伯夷《はくい》と叔斉《しゅくせい》は首陽山《しゅようざん》のふもとで餓死したが、人々は今でも彼らをたたえるよ。『詩経』にある『本当に、金持ちだから良いわけじゃない。人と違った美点が大事。』という言葉は、こういうことを言っているのだね。」

（一六の一三）

子禽《しきん》が、孔子の息子である伯魚《はくぎょ》に質問しました。「あなたは、やはり先生から特別なことをお聞きになったのでしょうね。」伯魚《はくぎょ》は答えました。「まだです。ある日、父が一人で立っていて、私が小走りに庭を通り過ぎますと、「『詩経』を学んだかね。」と言いました。「まだです。」と答えますと、『詩経』を学ばないと、話ができないよ。」と言いましたので、私は引き下がって『詩経』を学びました。別の日、また父が一人で立っていて、私が小走りに庭を通り過ぎますと、「礼法を学んだかね。」と言いました。「まだです。」と答えますと、「礼法を学ばないと、一人立ちできないよ。」と言いましたので、私は引き下がって礼法を学びました。この二つを聞いただけです。」子禽《しきん》は、退出してから、喜んでこう言いました。「一つの質問で三つのことが分かったよ。『詩経』について聞いたし、礼法について聞いたし、それに、立派な人間は自分の子供を遠ざけることを聞いたよ。」

（一六の一四）

君主の奥方を、君主が呼ぶ時には夫人と言い、夫人は自分のことを小童と言います。国民は、彼女を呼ぶ時に君夫人と言いますし、外国人に話す時には寡小君《かしょうくん》と言います。外国人は、彼女のことをやはり君夫人と言います。

第一七編

（一七の一）

季氏の家臣で、一時魯《ろ》の国の実権を握っていた陽貨《ようか》が、孔子に会いたがりましたが、孔子は会いませんでした。陽貨は孔子に豚を贈りました。孔子は留守を見計らって陽貨の家にお礼に行きましたが、途中で本人とばったり会ってしまいました。陽貨は孔子に「来てくださいませんか。私はあなたとお話がしたいのです。」と声を掛け、更にこう言いました。「宝物のような才能を抱いているのに、国が乱れているままにしておくのは、人間愛と言えますかな。」孔子は答えました。「言えませんね。」「政治を担当したいのに、しばしばチャンスを逃しているのは、知恵のあることだと言えますかな。」「言えませんね。」「月日のたつのは速いですよ。歳月は待ってくれませんよ。」孔子はこう言いました。「分かりました。私も、そのうち仕官しようとは思っているのですがね。」

（一七の二）

孔子はこう言いました。「人間の本性はもともと似たようなものだが、習慣によって大きく違って来るのだよ。」

（一七の三）

孔子はこう言いました。「とびきり賢明な人間ととびきり愚劣な人間は、変わることはないね。」

（一七の四）

孔子が、子游《しゆう》が代官をしている武城《ぶじょう》の町に行きますと、雅楽を練習している楽器の音や歌声が聞こえてきました。孔子はニッコリ笑ってこう言いました。「鶏を割くのに、どうして牛刀を使うのかね。」子游《しゆう》はこう答えました。「以前、私は先生からこう伺いました。『上に立つ者が礼楽の道を学べば人を愛するようになるし、人々が礼楽の道を学べば使いやすくなる。』と。」孔子はこう言いました。「君たち、子游《しゆう》の言うとおりだよ。さっき言ったのは冗談だからね。」

（一七の五）

季氏の家臣である公山弗擾《こうざんふつじょう》が、任地の費《ひ》という町で反乱を起こし、孔子を招きました。

孔子は行こうとしましたが、子路が渋い顔でこう言いました。「行かない方がよろしいですよ。何も必ずしも公山の所へ行くことはありませんよ。」孔子はこう言いました。「こうして私を招いてくれるほどの人物が、どうしていい加減なことがあろうか。もし、私を任用してくれる人がいれば、私は、周の政治を東方で再現してみせるのだがね。」

（一七の六）

子張が、人間愛とはどういうものですかと質問しますと、孔子はこう言いました。「五つの事を全国どこへ行っても実行できれば、人間愛を持っていると言えるね。」子張が、それは何ですかと質問しますと、孔子はこう言いました。「慎しみ深くて、寛容で、誠実で、敏速で、恵み深いことだよ。慎しみ深ければ侮られることがないし、寛容であればみんなから慕われるし、誠実であればだれからも信頼されるし、敏速であれば業績を上げられるし、恵み深ければ人を使う時にうまくいくからね。」

（一七の七）

晋《しん》の国で仏肸《ひっきつ》という人物が反乱を起こして孔子を招きました。孔子は行こうとしましたが、子路がこう言いました。「以前、私は先生からこう伺いました。『自分から進んで善くない事をする者の仲間に、立派な人間は入らないものだ。』と。仏肸《ひっきつ》は中牟《ちゅうぼう》の町を根城にして反乱を起こしました。そこへ先生が行かれるのは、どういうわけですか。」孔子はこう言いました。「確かに、そう言ったことはあるよ。しかし、堅いとは言わないかね、研いでも薄くならない物を。白いとは言わないかね、染めても黒くならない物を。それに、私は苦瓜ではないのだからね。どうして、ぶら下がっているだけで、食べてもらえないでいられるかね。」

（一七の八）

孔子はこう言いました。「子路よ、君は、六つの美徳にも欠点があるのを、聞いたことがあるかね。」子路が「まだです。」と答えますと、孔子はこう言いました。「座りなさい。私から君に話してあげよう。人間愛が好きでも、学問が好きでないと、その欠点は愚かになることだよ。知識が好きでも、学問が好きでないと、その欠点はまとまりがなくなることだよ。信ずることが好きでも、学問が好きでないと、その欠点は人を困らせることだよ。率直さが好きでも、学問が好きでないと、その欠点は了見が狭くなることだよ。勇敢さが好きでも、学問が好きでないと、その欠点は乱暴になることだよ。意志の強さが好きでも、学問が好きでないと、その欠点は狂ったようになることだよ。」

（一七の九）

孔子はこう言いました。「君たちは、どうして『詩経』を学ばないのかね。『詩経』を読めば、心を奮い立たせることができるよ。物事を良く観察できるようになるよ。人々と仲良くできるようになるよ。恨みごともうまく処理できるようになるよ。身近かな事では親への仕え方、遠い事では主君への仕え方も分かってくるよ。沢山の動植物の名前も覚えられるよ。」


（一七の一〇）

孔子は、息子の伯魚にこう言いました。「君は、『詩経』の始めにある「周南《しゅうなん》」「召南《しょうなん》」の二編を読んだかね。「周南」と「召南」を学んでいない人は、ちょうど塀の真ん前に立っているように、何も見えないし、前へも進めないよ。」


（一七の一一）

孔子はこう言いました。「礼法だ、礼法だと言う時、儀礼で使う宝玉や絹織物のことを言っているだろうか。雅楽だ、雅楽だと言う時、演奏に使う鐘や太鼓のことを言っているだろうか。」

（一七の一二）

孔子はこう言いました。「表面では威厳があるように見せかけていても、中身がぐにゃぐにゃだという人物は、つまらない人間に例えると、まあ、こそ泥のようなものだね。」

（一七の一三）

孔子はこう言いました。「もったいぶった田舎紳士は、道徳を損なう偽善者だよ。」

（一七の一四）

孔子はこう言いました。「路上で聞いた善い言葉を、そのまま路上で受け売りしているだけでは、道徳を捨てているようなものだよ。」

（一七の一五）

孔子はこう言いました。「俗物と一緒に主君に仕えることはできないね。そういう人は、まだ地位や財産を持っていないと、それを手に入れることばかり気にしているし、もう地位や財産を手に入れてしまうと、それを失うことばかり気にしているからね。もし、それを失うことばかり気にしていると、どんな事でもやりかねないよ。」

（一七の一六）

孔子はこう言いました。「昔は、人々の中に三種類の変り者がいたが、今では、どうやらそれも質が悪くなってきたね。昔の熱狂家にはおおらかさがあったが、今の熱狂家はでたらめだよ。昔の硬骨漢にはけじめがあったが、今の硬骨漢はすぐけんかをするよ。昔の愚か者は正直だったが、今の愚か者はうそをつくよ。」

（一七の一七）

孔子はこう言いました。「口がうまくて、うわべだけ愛想の良い人には、人間愛が乏しいね。」

（一七の一八）

孔子はこう言いました。「混ぜた色である紫色が純正の色である朱色に取って代わるのを憎むね。鄭《てい》の国の低俗な音楽が純正な雅楽を乱すのを憎むね。口先の達者な政治家が国家をひっくり返すのを憎むね。」

（一七の一九）

孔子はこう言いました。「私は何も言いたくないよ。」子貢が言いました。「先生から、お話を伺えなくなったら、私たちは何を語り伝えたらいいのでしょうか。」孔子はこう言いました。「天は何も言わないよ。それでも四季は巡るし、万物は生成するのだ。天は何も言わないよ。」

（一七の二〇）

孺悲《じゅひ》という人が孔子に会いに来ましたが、孔子は病気だと言って断りました。取次ぎの者が戸口に出た頃、孔子は琴を弾いて歌い、客に聞こえるようにしました。

（一七の二一）

宰我が質問しました。「親が亡くなった時の三年の喪は、一年でも十分に長いと思います。上に立つ人が、三年も礼法を行わなければ、礼法が必ず乱れますし、三年も雅楽を行わなければ、雅楽が必ず崩れます。一年たてば、古米がなくなって新米が実りますし、四季ごとに変える火起こしの木の種類も一巡します。親の喪も一年でいいのではないでしょうか。」孔子はこう言いました。「それだけで、おいしい米を食べ、錦《にしき》の衣服を着ても、君は平気なのかね。」宰我が答えました。「平気です。」「君が平気なら、そうしたらいいさ。立派な人間は、正規の喪に服している間、ごちそうを食べてもおいしくないし、雅楽を聞いても楽しくないし、ふだん使っている部屋にいるだけでも気が滅入るものだよ。だから、そうしないのだが、今の君が平気なら、そうしたらいいさ。」宰我が退出すると、孔子はこう言いました。「宰我は人間愛を持っていないのかな。人の子は、生まれてから三年たって、やっと父母の懐から離れられるのだ。だから、三年の喪は全国で行われているのだよ。宰我も、父母から、生まれて三年間の愛情を受けて来ただろうにね。」

（一七の二二）

孔子はこう言いました。「腹一杯食べて一日が終わり、心を向けるものが何もないというのでは、どうしようもないな。双六《すごろく》とか囲碁があるだろう。それをやっているだけでも、何もしないのよりは、よほどましだよ。」

（一七の二三）

子路が言いました。「立派な人間は、勇気を重んずるでしょうね。」孔子はこう言いました。「立派な人間は、正義の方を重んずるよ。立派な人間でも、勇気があって正義感に欠けていたら、反乱を起こすね。つまらない人間だと、勇気があって正義感に欠けていたら、盗みを働くね。」

（一七の二四）

子貢が質問しました。「立派な人間でも、人を憎むことがありますか。」孔子はこう言いました。「憎むことがあるよ。他人の欠点を言いふらす者を憎むね。下位にいて上位の人をけなす者を憎むね。勇気はあるが礼法を知らない者を憎むね。決断力はあるが道理の分からない者を憎むね。君も、人を憎むことがあるかね。」「他人の考え方をかすめ取るのが知恵だと思っている者を憎みます。威張るのが勇気のあることだと思っている者を憎みます。他人の秘密をあばくのが正直なことだと思っている者を憎みます。」

（一七の二五）

孔子はこう言いました。「つまらない女やつまらない男は、扱いにくいものだね。近付けると図々しくなるし、遠ざけると恨むからね。」

（一七の二六）

孔子はこう言いました。「四十歳にもなって、人から憎まれるようでは、もうおしまいだよ。」

第一八編

（一八の一）

殷《いん》の紂王《ちゅうおう》の時、その暴政を批判して、異母兄の微子《びし》は亡命し、叔父の箕子《きし》は奴隷にされ、もう一人の叔父比干《ひかん》は、強くいさめたので殺されました。孔子はこう言いました。「殷《いん》には、人間愛を持っている人物が三人いたね。」

（一八の二）

魯《ろ》の国の裁判官であった柳下恵《りゅうかけい》は、三回も任命されては免職されました。ある人が言いました。「あなたは、まだよその国へ去る気持にはならないのですか。」柳下恵はこう答えました。「道徳を守り抜いて人に仕えようとすれば、どこの国へ行っても、三回ぐらいは免職されますよ。道徳に背いて人に仕えようとするのなら、何も必ずしも父母の国から去る必要はありませんしね。」

（一八の三）

斉の国の景公は、孔子の待遇について、こう言いました。「魯《ろ》の国の上位の家老である季氏と同等にはできないが、下位の家老である孟《もう》氏との中間ぐらいの待遇にするよ。」その後、こう言いました。「私も年老いてきた。あなたを任用できなくなったよ。」孔子は立ち去りました。

（一八の四）

孔子が魯《ろ》の国の司法長官であった時、斉の国が女性の舞踊団を贈ってきました。魯《ろ》の国の家老である季《き》桓子《かんし》は、これを受け入れて、三日間も朝廷に出仕しませんでした。孔子は魯《ろ》の国から立ち去りました。

（一八の五）

楚《そ》の国で、狂人のふりをした隠者の接輿《せつよ》が、こう歌いながら、孔子の乗っている車のそばを通り過ぎました。「鳳凰《ほうおう》よ、鳳凰《ほうおう》よ、何と弱ったその影響力よ。過去を言っても仕方がないが、先のことならまだ間に合うね。もう止めなさい。止めなさい。今の政治に手出しは危い。」孔子は車から降りて、彼と話をしようとしましたが、走り去ったので、話をすることができませんでした。

（一八の六）

隠者である長沮《ちょうそ》と桀溺《けつでき》が並んで耕していました。孔子がそこを通りかかって、子路に、渡し場がどこにあるかを尋ねさせますと、長沮《ちょうそ》が言いました。「あそこで手綱を握っているのはだれだね。」子路が答えました。「孔子です。」「魯《ろ》の国の孔子かね。」「そうです。」「それなら、渡し場ぐらい知っているはずだよ。」桀溺《けつでき》に尋ねますと、彼が言いました。「お前さんはだれだね。」「子路です。」「魯《ろ》の国の孔子の弟子かね。」「そうです。」「とうとうと世の中すべては流れて行くのだ。だれと一緒にそれを変えようというのかね。それに、お前さんも、人を避けている人間に従うよりも、むしろ世間を避けている人間に従った方がましではないかね。」こう言うと、土掛けの手を休めませんでした。子路がこのことを報告しますと、孔子はため息をついて、こう言いました。「鳥や獣と一緒に暮らしてはいられないよ。私が、世間の人々と一緒にではなくて、だれと一緒に暮らせるだろうか。世の中で人の道が守られていれば、私だって世の中を変えようなどとはしないよ。」

（一八の七）

子路が、孔子のお供をしていて遅れた時、老人がつえでかごを担いで来るのに出会いました。子路が尋ねました。「あなたは、うちの先生を見かけませんでしたか。」老人は、「手足を使った労働もしないし、五穀も見分けられない、どんな人間を先生と呼ぶのかね。」と言って、つえを地面に突き立て、草刈りを始めました。子路は両手を重ねて敬意を表しながら立っていました。老人は、自宅に子路を泊め、鶏を殺し、きび御飯を炊いてごちそうし、自分の二人の息子を引き合わせました。翌日、子路が追い付いて、そのことを報告しますと、孔子は、「その人は隠者だね。」と言って、子路に引き返して再び訪問させました。行ってみますと本人は留守でしたので、子路は息子たちにこう言いました。「仕官をしないと行えない道義があります。長幼の礼節も失ってはいけませんが、君臣間の道義もどうして失っていいでしょうか。自分の身を清く保とうとしたために、大きな道義を乱してしまうことがあります。立派な人間が仕官をするのは、その道義を行うためです。人の道が行われていないことは、十分承知した上でのことですよ。」

（一八の八）

名の知られた隠者には、伯夷《はくい》・叔斉《しゅくせい》・虞仲《ぐちゅう》・夷逸《いいつ》・朱張《しゅちょう》・柳下恵《りゅうかけい》・少連《しょうれん》がいます。孔子はこう言いました。「志を守って、身を汚さなかったのは伯夷《はくい》と叔斉《しゅくせい》かな。」柳下恵《りゅうかけい》と少連《しょうれん》については、こう言いました。「志を曲げて、身を汚すこともあったが、発言は道理にかない、行動も思慮深かったね。まあそんなところだ。」虞仲《ぐちゅう》と夷逸《いいつ》については、こう言いました。「隠れ住んで、勝手なことを言ってはいたが、身の持ち方はきれいで、世の捨て方も様になっていたね。私自身は、彼らとは生き方が違うから、何が良いとか良くないとかは一概には言えないね。」

（一八の九）

魯《ろ》の国に失望して、雅楽オーケストラ指揮者の摯《し》は斉の国へ行き、昼食時の演奏者であった干《かん》は楚《そ》の国へ行き、夕食時の演奏者であった繚《りょう》は蔡《さい》の国へ行き、夜食時の演奏者であった缺《けつ》は秦《しん》の国へ行きました。鼓の演奏者であった方叔《ほうしゅく》は黄河の流域に入り、振り鼓の演奏者であった武《ぶ》は漢水の流域に入り、副指揮者の陽《よう》と石製打楽器の磬《けい》の演奏者であった襄《じょう》は、海岸地方に入りました。

（一八の一〇）

周王朝を建てた武王の弟である周公旦《しゅうこうたん》は、国務に多忙な自分の代りに魯《ろ》の国の君主になって赴任する息子に、こう言いました。「上に立つ者は、親族を大切に扱い、大臣を無視して恨まれないように気を付け、昔からの知人は大きなミスをしない限り見捨てることなく、一人の家臣にあれもこれもと要求しないことだよ。」

（一八の一一）

周の時代に、一人の母親から生まれた四組の双子である、八人の教養人がいました。彼らの名前は、伯達《はくたつ》と伯适《はくかつ》、仲突《ちゅうとつ》と仲忽《ちゅうこつ》、叔夜《しゅくや》と叔夏《しゅくか》、季随《きずい》と季騧《きか》です。

第一九編

（一九の一）

子張はこう言いました。「教養人は、危機を目の前にしたら、命をかけて対処し、利益を目の前にしたら、それが正義にかなうものかどうかを考え、祖先の祭には心から敬い、喪に服した時には心から悲しむものだよ。それができればいいのだよ。」

（一九の二）

子張はこう言いました。「道徳を行なっても広くはないし、人の道を信じても深くはない人間は、いてもどうということはないし、いなくてもどうということはないね。」

（一九の三）

子夏の門人が、人との交際の仕方を子張に質問しました。子張が「子夏はどう言っていたのかね。」と言いますと、門人はこう答えました。「うちの先生は、良い人物とは交際し、良くない人物とは交際しないことだ、と言っておられました。」子張はこう言いました。

「私が大先生から聞いたこととは違うな。立派な人間は、賢い人を尊敬すると共に、平凡な人々も受け入れるし、善い行いをした人を褒めると共に、それができない人々にも同情するね。自分がとても賢ければ、どんな人でも受け入れられるし、自分が賢くなければ、だれも付き合ってはくれないよ。どっちみち、あえて人との交際を断ることはないね。」

（一九の四）
子夏はこう言いました。「小さな技芸の道にも、必ず評価できる面があるよ。しかし、人の道を遠くまで進もうとする時には、その妨げとなる恐れがあるね。だから、立派な人間は手を出さないのだよ。」

（一九の五）
子夏はこう言いました。「日ごとに、まだ分かっていないことを学び、月ごとに、もう分かっていることを忘れないように努力すれば、学問好きだと言えるね。」

（一九の六）
子夏はこう言いました。「広く学問をして、しっかりとした志を持ち、切実に問いかけて、何事も身近な問題として考えるようにすれば、人間愛もその中で身に付いてくるよ。」

（一九の七）

子夏はこう言いました。「職人たちは、仕事場にいて仕事を完成させるね。立派な人間は、学問をして人の道を究めるのだよ。」

（一九の八）

子夏はこう言いました。「つまらない人間は、過ちを犯した時に、必ず言い繕ってごまかそうとするね。」

（一九の九）

子夏はこう言いました。「立派な人間には三つの違った印象があるね。遠くから見ていると威厳があるし、じかに接してみると穏やかだし、言葉を聞くと厳しいよ。」

（一九の一〇）

子夏はこう言いました。「上に立つ者は、信頼されてから人々を使うことだね。信頼されていないと、彼らに自分たちを苦しめると思われるよ。信頼されてから主君をいさめることだね。信頼されていないと、主君に自分を非難していると思われるよ。」

（一九の一一）

子夏はこう言いました。「大きな道徳は、その規範を踏み越えてはいけないよ。小さな道徳は、出入りがあっても止むを得ないがね。」

（一九の一二）

子游《しゆう》はこう言いました。「子夏の若い門人たちは、掃除や応対や日常の作法は良くできるが、それは枝葉のことだよ。根本的なことは分かっていないね。これではどうかと思うよ。」子夏はそれを聞いて、こう言いました。「ああ、子游《しゆう》は間違っているよ。立派な人間への道は、何を先に教えて、何を後回しにして放置すると言うのかね。その順序は、草木の育て方が種類によって違うのと同じことだよ。立派な人間への道は、どんな方法でもごまかした教え方をしてはいけないのだ。初歩的なこともハイレベルのことも一緒に理解できるのは、ただ聖人だけだからね。」

（一九の一三）

子夏はこう言いました。「仕官をして余裕ができたら、学問をすることだね。学問をして余裕ができたら、仕官をすることだね。」


（一九の一四）

子游《しゆう》はこう言いました。「喪に服している時は、悲しみを尽くすだけで十分なのだよ。」


（一九の一五）

子游《しゆう》はこう言いました。「私の友人子張は、凡人にはなかなかできないことまでやれるよ。しかし、まだ人間愛を持っているとは言えないね。」


（一九の一六）

曽子《そうし》はこう言いました。「堂々としているね、子張は。しかし、彼と一緒に人間愛を行うのは難しいよ。」

（一九の一七）

曽子《そうし》はこう言いました。「私は先生からこう伺ったよ。『人が自分の心をさらけ出すことはないものだが、あるとすれば、それは親が亡くなった時だろう。』とね。」

（一九の一八）

曽子《そうし》はこう言いました。「私は先生からこう伺ったよ。『魯《ろ》の国の家老であった孟荘子《もうそうし》の親孝行は、ほかの事ならまねもできるが、父親の死後、その家臣とその政策とを変えなかった点は、とてもまねができない。』とね。」

（一九の一九）

魯《ろ》の国の家老である孟《もう》氏が、曽子《そうし》の弟子である陽膚《ようふ》を司法官に任命しました。陽膚《ようふ》が曽《そう》子《し》に心構えを質問しますと、曽子《そうし》はこう答えました。「上に立つ者が道義を失い、人々の心がばらばらになってから、長い年月が過ぎてしまった。もし、犯罪の実情をつかんでも、哀れみの心を持つことだね。喜んではいけないよ。」

（一九の二〇）

子貢はこう言いました。「殷《いん》の紂王《ちゅうおう》の善くない政治も、そんなにひどくはなかったらしいね。だから、上に立つ者は、ごみの集まる下流みたいな状況に置かれるのを嫌がるよ。世の中の悪事が全部自分の仕業にされてしまうからね。」


（一九の二一）

子貢はこう言いました。「上に立つ者の過ちは、日食や月食のようなものだね。過ちを犯すと、すべての人が注目するし、過ちを改めると、すべての人が仰ぎ見るからね。」


（一九の二二）

衛の上級家臣である公孫朝《こうそんちょう》が、子貢に質問しました。「孔子はだれに学んだのですか。」子貢はこう答えました。「周の文化を築いた文王や武王の理念は、まだ廃れないで人々に受け継がれています。賢い人はその大きい事柄を知っていますし、賢くない人でもその小さい事柄を知っています。文王や武王の理念はどこにでも残っていて、先生は至る所でそれを学ばれたのです。だから、特定の恩師はいないのです。」

（一九の二三）

魯《ろ》の国の上級家臣である叔孫武叔《しゅくそんぶしゅく》が、朝廷で同僚に言いました。「子貢の方が孔子より優れているね。」子服景伯《しふくけいはく》がそれを子貢に伝えますと、子貢はこう言いました。「屋敷の塀に例えると、私の塀は肩の高さですから、中にある小ぎれいな建物が見えます。先生の塀は高さが七、八メートルもあって、門を見つけてそこから入らないと、中にある美しい祖先廟《びょう》や大勢の役人が働いている盛んな有様が見えないのですよ。その門を見つけられる人は少ないでしょうね。あの方がそう言われるのも、無理のない話ですよ。」

（一九の二四）

叔孫武叔《しゅくそんぶしゅく》が孔子のことをけなしますと、子貢はこう言いました。「そういう発言はしないでください。孔子をけなすことはできませんよ。ほかの賢人たちは丘みたいなものですから、越えて行くこともできますが、孔子は太陽や月のようなもので、とても越えることはできないのです。人が自分の方から縁を切ろうとしても、太陽や月を傷つけることはできません。かえって、そんなことをする人の身のほど知らずが分かってしまいますよ。」

（一九の二五）

子禽《しきん》が子貢に言いました。「あなたは謙そんしていますね。孔子がどうしてあなたより賢明でしょうか。」子貢はこう言いました。「立派な人間でも、一言で知恵者とされ、一言で愚か者ともされるから、言葉を慎むことだね。私が先生に及ばないのは、天にはしごを掛けて登れないのと同じだよ。もし、先生が国を治められたら、よく言われるように、『人々を、立たせればすぐに立ち、導けばすぐについて行き、安心させればすぐに慕ってくるし、励ませばすぐに和やかになる。生きておられる限り国は栄え、亡くなると人々は悲しみにくれる。』のだよ。とても私など及びもつかないね。」

第二〇編

（二〇の一）

堯《ぎょう》は舜《しゅん》に天子の地位を譲って、こう言いました。「おお、舜《しゅん》よ、天命が巡ってきて、君が天子になるのだ。しっかりと中道を守る政治をしてほしいね。もし、全国の人々が困窮するようなことになったら、天は永久に君を見離すぞ。」

舜《しゅん》が禹《う》に天子の地位を譲った時にも、同じように諭しました。

夏《か》王朝の桀《けつ》を倒して殷《いん》王朝を建てた湯王《とうおう》は、こう誓いました。「私はつまらない者ですが、謹んで黒牛を供え、謹んではっきりと偉大な天帝に申し上げます。罪のある者は決して許しません。天帝の臣下について隠しごとは致しません。お選びになるのは天帝のお心です。私自身に罪があった時に、そのとがめを多くの人々に及ぼさないでください。多くの人々に罪があった時には、その罪は私自身にあるのです。」

殷《いん》王朝の紂《ちゅう》を倒して周王朝を建てた武王は、こう言いました。「周には、天からのすばらしい贈物があります。それは善良な人々が大勢いることです。身近な親族があっても、人間愛を持っている人々には及びません。多くの人々に過ちがあった時には、その責任は私一人にあるのです。」

度量衡を厳密に定め、法制を整え、廃止されていた部局を復活させれば、全国の政治は安定します。滅んだ国を復興させ、断絶した家柄を継承させ、引きこもっていた人物を任用すれば、全国の人々が心を寄せます。重んずるのは人々と食料と葬礼と祖先祭です。寛容であれば人々の心をつかめるし、誠実であれば人々から信頼されるし、俊敏であれば実績が上がるし、公平であれば人々は喜びます。

(二〇の二)

子張が孔子に質問しました。「政治を行う時に大切なことは何ですか。」孔子はこう答えました。「五つの優れた方法を重んじて、四つの悪い方法を退ければ、良い政治ができるよ。」子張が「五つの優れた方法とは何ですか。」と質問しますと、孔子はこう答えました。「上に立つ者が、人々に恩恵を与えながら費用をかけないこと、人々を働かせる時には恨まれないようにすること、人々に要求する時には欲張らないこと、ゆったりとしていて威張らないこと、威厳を保ちながら過激な態度をとらないことだよ。」子張が質問しました。「人々に利益を与えながら費用をかけないというのは、どのようにするのですか。」孔子はこう言いました。「人々の利益になる事を自由にやらせて利益を得させれば、恩恵を与えながら費用をかけなくて済むではないか。それに、人々がやらなくてはいけないと思っている作業で働かせれば、だれにも恨まれないよ。人間愛を目ざして人間愛を持つようになれば、どうして欲張ったりするだろうか。上に立つ者が、人数や身分を問わずに、決して相手を見くびらなければ、ゆったりとして威張らないでいられるのではないかね。上に立つ者が、冠や衣服を正しく身に付け、落ち着いたまなざしで堂々としていれば、人々が敬意を払うから、威厳を保ちながら過激にはならずに済むのではないかね。」子張が「四つの悪い方法とは何ですか。」と言いますと、孔子はこう言いました。「教育もしないで処刑するのは残酷だよ。注意も与えないで成果を求めるのは横暴だよ。いい加減な指示しかしていないで期限を切るのは意地悪だよ。どうせ人に与えるのに出し渋るのは役人根性だよ。」

（二〇の三）

孔子はこう言いました。「天命を知らなくては、立派な人間とは言えないよ。礼法を知らなくては、一人立ちができないよ。言葉を知らなくては、人を知ることができないよ。」

（終）

おわりに

さて、新しい現代口語訳の『論語』を通読された御感想はいかがですか。きっと、読む前に持っておられた『論語』と孔子への先入観が、何らかの意味でかなり修正されたことと思います。予想以上に話題もその表現法も多彩で、楽しくお読みいただけたでしょうし、現代日本人が失いかけている大切な心が何であるかを考えるヒントも、いろいろ発見されたことでしょう。

いずれにしても、本書の現代口語訳『論語』は、気軽に全章全文を一度通読してみようという方々には、十分お役に立つと思います。しかし、『論語』の本当の味わいは、原文（漢文または読み下し文）で読まないと分からない、とも言えましょう。また、中国や日本の学者が長い歴史を通して蓄積してきた『論語』研究の成果に触れると、いっそう奥行きのある『論語』読みができるはずです。そこで、本書を読み終えて、さらに深く『論語』を学んでいきたいという方には、次に紹介する『論語』注釈書の中から、どれか一、二点をお読みになることをお勧め致します。これらの注釈書には、原文や詳しい解釈が載っていますので、『論語』の魅力をいっそう楽しく味わうことができます。できれば、何種類かを読み比べると、解釈の違いも分かって、御自分なりの読み方を決めるのに参考になると思います。類書には、全集ものに入っていたりするB6版以上の本もありますが、ここでは、軽便安価な文庫本の注釈書だけを選んで、初版発行順に掲げておきます。

1 『論語新釈』宇野哲人 講談社
2 『新訳論語』穂積重遠 講談社
3 『論語』(上・中・下) 吉川幸次郎 朝日新聞社
4 『論語』金谷治 岩波書店
5 『論語』貝塚茂樹 中央公論社
6 『論語』木村英一 講談社
7 『論語講義』(一〜七) 渋沢栄一 講談社

さらに、『論語』や孔子に関する評論などを記した書物の中から、やはり文庫本だけを選んで、次に紹介します。

8 『中国の知恵』吉川幸次郎 新潮社
9 『論語について』吉川幸次郎 講談社
10 『論語物語』下村湖人 講談社
11 『論語』桑原武夫 筑摩書房
12 『論語の世界』加地伸行 中央公論社

13『論語　聖人の虚像と実像』駒田信二　岩波書店
14『論語』久米旺生　ＰＨＰ研究所
15『論語の新しい読み方』宮崎市定　岩波書店
16『論語一日一言』村山孚　ＰＨＰ研究所
17『一冊でわかる！　論語』寺尾善雄　成美堂出版
18『論語知らずの論語よみ』阿川弘之　ＰＨＰ研究所
19『論語名言集』村山吉廣　中央公論新社
20『現代訳　仮名論語』伊與田覺　成人教学研修所
21『人生は論語に窮まる』谷沢栄一・渡部昇一　ＰＨＰ研究所
22『現代語訳　論語』宮崎市定　岩波書店
23『「日中英」語で論語』孔祥林　小学館
24『論語』吉田公平　たちばな出版
25『論語紀行』坂田新　ＮＨＫ出版
26『論語に親しむ　生き方の基本、ここにあり』今泉正顕　ＰＨＰ研究所
27『ツキを呼び込む「論語」の成功法則』植西聰　成美堂出版
28『「論語」の人間問答　登場人物のエピソードで読む』狩野直禎　ＰＨＰ研究所
29『男の論語』（上・下）童門冬二　ＰＨＰ文庫
30『論語に学ぶ』安岡正篤　ＰＨＰ文庫

31『論語を楽しむ　己を生かし、人を生かす書』平沢興　ＰＨＰ研究所
32『ビギナーズ・クラシックス　中国の古典　論語』加地伸行　角川書店
33『現代人の論語』呉智英　文芸春秋
34『「論語」の知恵でキリッと生きる』岡本光生　中経出版
35『使う！「論語」』渡辺美樹　三笠書房
36『「論語」生き方のヒント』ひろさちや　日本経済新聞出版社
37『孔子』和辻哲郎　岩波書店
38『孔子』金谷治　講談社
39『孔子伝』白川静　中央公論社
40『孔子　時を越えて新しく』加地伸行　集英社
41『孔子』ハーバート・フィンガレット　平凡社
42『孔子の経営学』孔健　ＰＨＰ研究所
43『孔子』井上靖　新潮社
44『孔子　人間どこまで大きくなれるか』渋沢栄一　三笠書房
45『孔子伝』孔健　河出書房新社

漫画の文庫本としては、次の二種類があります。

46『マンガ　孔子の思想』蔡志忠　講談社
47『孔子』（全三冊）ももなり高　講談社

〈付表〉　各編名一覧

本書の編名	原文の編名	本書のページ
第一編	学而《がくじ》第一	P. 32 ～ 37
第二編	為政《いせい》第二	P. 38 ～ 45
第三編	八佾《はちいつ》第三	P. 46 ～ 54
第四編	里仁《りじん》第四	P. 55 ～ 62
第五編	公冶長《こうやちょう》第五	P. 63 ～ 72
第六編	雍也《ようや》第六	P. 73 ～ 82
第七編	述而《じゅつじ》第七	P. 83 ～ 94
第八編	泰伯《たいはく》第八	P. 95 ～ 102
第九編	子罕《しかん》第九	P. 103 ～ 112
第一〇編	郷党《きょうとう》第十	P. 113 ～ 120
第一一編	先進《せんしん》第十一	P. 121 ～ 131
第一二編	顔淵《がんえん》第十二	P. 132 ～ 141
第一三編	子路《しろ》第十三	P. 142 ～ 152
第一四編	憲問《けんもん》第十四	P. 153 ～ 168
第一五編	衛霊公《えいれいこう》第十五	P. 169 ～ 181
第一六編	季氏《きし》第十六	P. 182 ～ 188
第一七編	陽貨《ようか》第十七	P. 189 ～ 199
第一八編	微子《びし》第十八	P. 200 ～ 205
第一九編	子張《しちょう》第十九	P. 206 ～ 214
第二〇編	堯曰《ぎょうえつ》第二十	P. 215 ～ 217

よくわかる論語《ろんご》

＜やさしい現代《げんだい》語《ご》訳《やく》＞

永井《ながい》 輝《あきら》

明窓出版

平成十三年二月二十日初　版発行
平成十九年十一月一日第三版発行

発行者――増本　利博
発行所――明窓出版株式会社
〒一六四―〇〇一二
東京都中野区本町六―二七―一三
電話　（〇三）三三八〇―八三〇三
FAX（〇三）三三八〇―六四二四
振替　〇〇一六〇―一―一九二七六六

印刷所――株式会社　シナノ

ISBN978-4-89634-061-7

ホームページ http://meisou.com